普通话水平测试训练教程

主 编 山娅兰 莫菲菲

北京理工大学出版社
BEIJING INSTITUTE OF TECHNOLOGY PRESS

内 容 简 介

本书根据国家语委普通话与文字应用培训测试中心编制的《普通话水平测试实施纲要（2021年版）》（2024年1月1日开始实施）基本内容和要求，从普通话学习者尤其是西南官话区普通话学习者的要求出发，结合普通话水平测试实践经验编订而成。本书结合西南官话区普通话学习者实际，围绕普通话水平测试知识、普通话语音知识、普通话音系训练、普通话水平测试指导四个主体内容进行编排。全书分为九章：前七章分别从普通话及普通话水平测试简介、普通话语音基础知识、声调训练、声母训练、韵母训练、音变训练、词的轻重格式来介绍普通话的基础理论知识和普通话音系发音要点；后两章为朗读短文训练和命题说话训练。本书一方面对普通话综合运用能力进行提升训练，另一方面对普通话水平测试的朗读题和命题说话题进行测试指导。

全书编排系统科学、难度适宜，突出实用性和针对性，既可作为各级师范院校普通话培训及测试的辅导教材，也可作为参加普通话水平测试人员的自学教材。

版权专有　侵权必究

图书在版编目(CIP)数据

普通话水平测试训练教程／山娅兰，莫菲菲主编．
北京：北京理工大学出版社，2024.6．
ISBN 978-7-5763-4202-4

Ⅰ．H102

中国国家版本馆CIP数据核字第2024H8A482号

责任编辑：李　薇　　　**文案编辑**：李　硕
责任校对：刘亚男　　　**责任印制**：李志强

出版发行 ／ 北京理工大学出版社有限责任公司
社　　址 ／ 北京市丰台区四合庄路6号
邮　　编 ／ 100070
电　　话 ／ (010) 68914026（教材售后服务热线）
　　　　　　　(010) 68944437（课件资源服务热线）
网　　址 ／ http://www.bitpress.com.cn

版 印 次 ／ 2024年6月第1版第1次印刷
印　　刷 ／ 涿州市新华印刷有限公司
开　　本 ／ 787 mm×1092 mm　1/16
印　　张 ／ 12.5
字　　数 ／ 290千字
定　　价 ／ 68.80元

图书出现印装质量问题，请拨打售后服务热线，负责调换

前　言

　　普通话是我国的通用语言。我国宪法明确规定："国家推广全国通用的普通话。"《中华人民共和国国家通用语言文字法》规定："国家推广普通话，推行规范汉字。"推广普通话，是贯彻落实国家语言文字法规政策、推广普及国家通用语言文字的重要内容，是贯彻实施国家全面加强新时代语言文字工作实施意见的重要举措。

　　1956 年 2 月 6 日，国务院发布的《关于推广普通话的指示》中，对普通话的的内涵作了完整表述，正式确定普通话"以北京语音为标准音，以北方话为基础方言，以典范的现代白话文著作为语法规范"，推普工作正式全面启动。1982 年，"国家推广全国通用的普通话"一句被载入《中华人民共和国宪法》，这是我国宪法第一次正式表示我国的官方语言为普通话。之后《中华人民共和国国家通用语言文字法》《中华人民共和国教育法》《中华人民共和国义务教育法》等法律法规相继对推广普通话作出规定，确定了普通话作为国家通用语言的法律地位。经国务院批准，自 1998 年起，每年 9 月的第三周为全国推广普通话宣传周。

　　1994 年 10 月 30 日，国家语言文字工作委员会、国家教育委员会、广播电影电视部发布了《关于开展普通话水平测试工作的决定》，决定"在一定范围内对某些岗位的人员进行普通话水平测试，并逐步实行普通话等级证书制度"，并且制定了《普通话水平测试实施办法（试行）》和《普通话水平测试等级标准（试行）》，普通话水平测试工作由此开始逐步启动起来。2003 年印发的《普通话水平测试规程》和 2008 年补充印发的《计算机辅助普通话水平测试操作规程（试行）》进一步明确了普通话水平测试中人工测试和计算机辅助测试的方式及流程。2023 年，教育部制定了《普通话水平测试规程》，在普通话备测时间、成绩评定时限等方面做了修订。并规定该规程于 2023 年 4 月 1 日起正式实施。新版《普通话水平测试实施纲要（2021 年版）》（简称《纲要》）于 2023 年公开发行并于 2024 年 1 月 1 日起正式实施。新版《纲要》在内容上进行了调整和完善，如："词语表"调整了部分词语的形音，增收了一些新字词；"朗读"作品篇目进行了部分调整，并将篇目数量由 60 篇调整为 50 篇；将"命题说话"测试用话题由 30 则调整为 50 则。

　　本书以新版《纲要》为依据，结合普通话学习者尤其是西南官话区普通话学习者实际，围绕普通话水平测试知识、普通话语音知识、普通话音系训练、普通话水平测试指导四个主体内容进行编排。本书一方面对普通话综合运用能力进行提升训练，另一方面对普通话水平测试进行测试指导，将理论与实践、训练与测试有机结合，力求让读者做到"有备而测"。全书编排系统科学、难度适宜，突出实用性和针对性，既可作为普通高等院校和高职高专普通话课程教材或辅导书，也可作为普通话水平测试参考用书，还能作为社会大众的普通话学习读物。

本书是云南省教育厅科学研究基金项目"云南壮侗语民族普通话语音等级特征与应用能力提升研究"（2022J0801）成果之一，由山娅兰、莫菲菲执笔完成。第一章至第七章由山娅兰编写，第八章、第九章由莫菲菲编写。

教材在编写过程中，参阅了有关学者、时贤的专著与论文，在此表示衷心感谢。

由于本教材篇幅较大、注音繁杂，难免会有不妥及疏漏之处，恳请各位专家学者指正，提出宝贵意见和建议。

编　者

2024 年 3 月

拼音标注说明

1. 使用汉语拼音字母注音。含有西文字母时，只给其中的汉字注音，如【卡拉OK】注作 kǎlāOK。

2. 轻声词不标调号。

3. 一般轻读、间或重读的字，注音上标调号，注音前再加圆点，如【哪里】注作 nǎ·lǐ，表示"哪里"的"里"字一般轻读，有时也可以读上声。

4. 一般不标注变调（"音变训练"一章除外）。

5. 音节界限有混淆可能的，加隔音符号（'），如【西安】Xī'ān。

6. 专名和姓氏的注音，第一个字母大写，如【涠洲】Wéizhōu。

目 录

- 第一章　普通话及普通话水平测试简介 ……………………………………（1）
  - 第一节　普通话简介 ……………………………………………………（1）
  - 第二节　普通话水平测试简介 …………………………………………（3）
- 第二章　普通话语音基础知识 ………………………………………………（10）
  - 第一节　发音器官 ………………………………………………………（10）
  - 第二节　普通话语音系统 ………………………………………………（11）
  - 第三节　汉语拼音方案 …………………………………………………（16）
- 第三章　声调训练 ……………………………………………………………（20）
  - 第一节　声调简介 ………………………………………………………（20）
  - 第二节　四声辨正 ………………………………………………………（21）
  - 第三节　入声字的声调 …………………………………………………（28）
  - 第四节　容易读错声调的词语 …………………………………………（29）
- 第四章　声母训练 ……………………………………………………………（31）
  - 第一节　普通话声母简介 ………………………………………………（31）
  - 第二节　普通话声母辨正 ………………………………………………（35）
- 第五章　韵母训练 ……………………………………………………………（55）
  - 第一节　普通话韵母简介 ………………………………………………（55）
  - 第二节　普通话韵母辨正 ………………………………………………（56）
- 第六章　音变训练 ……………………………………………………………（90）
  - 第一节　变调训练 ………………………………………………………（90）
  - 第二节　轻声训练 ………………………………………………………（96）
  - 第三节　儿化训练 ………………………………………………………（99）
  - 第四节　"啊"的音变训练 ……………………………………………（102）
- 第七章　词的轻重格式 ………………………………………………………（104）
  - 第一节　什么是轻重格式 ………………………………………………（104）
  - 第二节　普通话词的轻重格式 …………………………………………（105）
- 第八章　朗读短文训练 ………………………………………………………（108）

第一节	朗读简介	(108)
第二节	PSC 朗读短文项应试准备	(111)
第三节	PSC 朗读短文项常见问题及解决策略	(112)
第四节	朗读作品分析	(117)

第九章 命题说话训练 (125)

第一节	PSC 命题说话项应试策略	(125)
第二节	PSC 命题说话项常见话题类型及表达思路	(127)

附 录 (144)

附录 1	普通话水平测试样卷	(144)
附录 2	zh—z 辨音字表	(145)
附录 3	ch—c 辨音字表	(147)
附录 4	sh—s 辨音字表	(149)
附录 5	n—l 辨音字表	(151)
附录 6	f—h 辨音字表	(153)
附录 7	an—ang 辨音字表	(155)
附录 8	en—eng 辨音字表	(157)
附录 9	in—ing 辨音字表	(159)
附录 10	i—ü 辨音字表	(160)
附录 11	普通话异读词审音表	(161)

参考文献 (190)

第一章
普通话及普通话水平测试简介

第一节　普通话简介

一、汉语共同语的发展历史

共同语，是指民族内部共同使用的语言，通常是在政治、经济、文化较发达地区方言的基础上发展起来的。现代汉民族共同语是普通话。

早在西周时期，汉语就出现了当时的共同语——雅言。所谓雅言，即"雅正之言"，与"方言"对称。《论语·述而》云："子所雅言，《诗》、《书》、执礼，皆雅言也。"刘师培《文章源始》云："言之文者，纯乎雅言者也。"这里的"雅言"，就是西周时期的共同语。到了汉代，扬雄《輶轩使者绝代语释别国方言》（简称《方言》）中常常提到"通语"，即当时的共同语。元代定都大都（今北京），朝廷规定学校教学要使用以大都语音为标准的通语。著名杂剧作家关汉卿的《窦娥冤》、马致远的《汉宫秋》、王实甫的《西厢记》等，都真实地反映了当时的大都话。① "官话"是明清两代的共同语，原本是通行于官吏之间，后来逐步发展为民族共同语。辛亥革命之后的共同语称为"国语"，1912年，中华民国临时教育会议决定在全国范围内推行国语。中华人民共和国成立以后，共同语被称作"普通话"，1955年10月15日至23日在北京举行的全国文字改革会议决定将现代汉民族共同语称为"普通话"，取其"普遍、通用"之意。

二、普通话标准的确立

1955年，现代汉语规范问题学术会议召开，确立了普通话的标准，并从语音、词汇、语法三个方面对普通话作了明确界定：普通话是指以北京语音为标准音，以北方方言为基础方言，以典范的现代白话文著作为语法规范的现代汉民族共同语。

以北京语音为标准音：共同语的语音通常以基础方言的代表话的语音系统为标准，不同方言区的语音情况较为复杂，甚至可以达到互相听不懂的程度，即使在同一大方言区内，语音系统也并不完全一致，要人为地兼取不同语音系统作为标准是不现实的。1913年，读音统一会为现代汉语共同语议定的国音标准（后称"老国音"），以京音为主，也

---

① 袁钟瑞：《话题三：古代的汉民族共同语》，载《话说推普》，语文出版社，2004，第17页。

兼顾其他方言，结果证明不可行。1923年，国语统一筹备会对"老国音"加以调整，采用北京语音作为国音标准（后称"新国音"）。因为在现代汉语共同语的形成过程中，事实上已经形成北京语音的标准音地位。元代周德清的《中原音韵》是根据元杂剧的用韵编写的，其归纳的音系已经非常接近今天的北京话。从宋元以后的白话文学作品到五四"白话文运动"，其基础方言是北方方言，尤其是"国语运动"，更是在口语方面增强了北京话的代表性，巩固了北京话的地位，促使北京语音成为共同语的标准音。明清时期外国人学汉语的《老乞大》《朴通事》《语言自迩集》等，使用的也都是北京话。以北京语音为标准音，是就北京话的语音系统而言的。但是，一些土音成分要舍弃，一些有分歧的读音也要经过审订决定其取舍。例如，在北京话中，"同胞"念 tóngbāo，也念 tóngpāo；"嫩"念 nèn，也念 nùn。这些不同的读音并不都视为标准读音。再如，北京话的轻声、儿化问题，也相当复杂，同样需要加以规范。

　　以北方方言为基础方言：也就是以北方方言语汇为基础。北方历来是我国政治、经济、文化较发达的地区，其方言影响范围比较大，黄河流域及其北部，长江流域的云南、贵州、四川、重庆及湖北大部分地区使用的是北方方言。现代汉语共同语在北方方言的基础上形成，北方方言语汇是共同语语汇的基础和主要来源。作为基础，并不是要兼收并蓄所有的北方方言语汇，某些过于土俗的语汇是要舍弃的。比如"太阳"一词，在北方方言区就有"老爷儿"（北京、保定）、"日头"（沈阳、西安）、"热头"（合肥、昆明）等多种说法，这些词并未进入共同语。共同语还要从其他方言里吸收所需要的富有表现力的语汇，像"垃圾""蹩脚""名堂"等。此外，还要从古代汉语里继承许多仍有生命力的古语汇，如"底蕴""状元"等；从其他民族语言里借用需要的外来语汇，如"咖啡""沙发"等。

　　以典范的现代白话文著作为语法规范：语法规范的标准是典范的现代白话文著作。提"典范"，是因为典范的著作有它的稳固性，可以把规范的标准巩固下来，便于遵循；提"现代"，是要同早期的白话文著作相区别，宋元时代的白话文与五四时期的白话文，在语法上已经有明显的差别；提"白话文著作"，确定以白话文书面语为标准而不是选取口语为标准，是因为经过加工、提炼的规范化的民族共同语的集中表现是文学语言，而文学语言的主要形式是书面形式。但要注意的是，即使是典范的现代白话文著作，某些特殊用例也是不能作为普通话语法规范的。

三、推广普通话的法律依据及意义

　　1955年召开的全国文字改革会议和现代汉语规范问题学术会议，不仅确定了普通话的定义和标准，还制定了"大力提倡，重点推进，逐步普及"的推普方针。1956年，国务院发出《关于推广普通话的指示》，成立了中央推广普通话工作委员会和普通话审音委员会。各级各类法律法规也相继对普通话推广进行了规定。

　　《中华人民共和国宪法》第十九条规定："国家推广全国通用的普通话。"

　　《中华人民共和国国家通用语言文字法》第三条规定："国家推广普通话，推行规范汉字。"第四条规定："公民有学习和使用国家通用语言文字的权利。国家为公民学习和使用国家通用语言文字提供条件。地方各级人民政府及其有关部门应当采取措施，推广普通话和推行规范汉字。"第五条规定："国家通用语言文字的使用应当有利于维护国家主权和民族尊严，有利于国家统一和民族团结，有利于社会主义物质文明建设和精神文明建设。"第九条规定："国家机关以普通话和规范汉字为公务用语用字。"第十条规定："学校及其他教育机构以普通话和规范汉字为基本的教育教学用语用字。"第十二条规定："广播电台、电视台以普通话为基本的播音用语。"第十三条规定："提倡公共服务行业以普通话为服务用语。"第十八条规定："国家通用语言文字以《汉语拼音方案》作为拼写和注音工具。初等教育应当进行汉语拼音教学。"第十九条规定："凡以普通话作为工作语言的岗位，其工作人员应当具备说普通话的能力。以普通话作为工作语言的播音员、节目主持人和影视话剧演员、教师、国家机关工作人员的普通话水平，应当分别达到国家规定的等级标准；对尚未达到国家规定的普通话等级标准的，分别情况进行培训。"第二十条规定："对外汉语教学应当教授普通话和规范汉字。"

《中华人民共和国教育法》第十二条规定："国家通用语言文字为学校及其他教育机构的基本教育教学语言文字，学校及其他教育机构应当使用国家通用语言文字进行教育教学。民族自治地方以少数民族学生为主的学校及其他教育机构，从实际出发，使用国家通用语言文字和本民族或者当地民族通用的语言文字实施双语教育。"

《中华人民共和国民族区域自治法》第三十七条规定："招收少数民族学生为主的学校（班级）和其他教育机构，有条件的应当采用少数民族文字的课本，并用少数民族语言讲课；根据情况从小学低年级或者高年级起开设汉语文课程，推广全国通用的普通话和规范汉字。"第四十九条规定："民族自治地方的自治机关教育和鼓励各民族的干部互相学习语言文字。汉族干部要学习当地少数民族的语言文字，少数民族干部在学习、使用本民族语言文字的同时，也要学习全国通用的普通话和规范文字。"

《中华人民共和国义务教育法实施细则》第二十四条规定："实施义务教育的学校在教育教学和各种活动中，应当推广使用全国通用的普通话。师范院校的教育教学和各种活动应当使用普通话。"

《幼儿园管理条例》第十五条规定："幼儿园应当使用全国通用的普通话。招收少数民族为主的幼儿园，可以使用本民族通用的语言。"

《中华人民共和国广播电视管理条例》第三十六条规定："广播电台、电视台应当使用规范的语言文字。广播电台、电视台应当推广全国通用的普通话。"

推广普通话具有重要的社会意义和历史意义。推广普通话，是国家统一、民族团结、经济发展、社会交往的需要。大力推广、普及国家通用语言文字，对于消除语言障碍、促进社会交流、加强素质教育都具有重要意义。习近平在党的二十大上强调："加大国家通用语言文字推广力度。"一个国家文化的魅力、一个民族的凝聚力主要通过语言表达和传递。推广普通话，既是时代使命和国民需求，又是重要的国家方略。

第二节　普通话水平测试简介

普通话水平测试（PUTONGHUA SHUIPING CESHI，PSC）于1994年正式实施，是一项大规模的国家通用语言测试。普通话水平测试不是语言知识的测试，也不是涵盖"听、说、读、写"全部语言技能要素的测试，而是着重测查应试人运用国家通用语言的规范、熟练程度的专业测试。普通话水平测试采用口试方式进行，试题分为有文字凭借和无文字凭借部分；测试以语音为测查重点，同时测查词汇和语法，语篇能力和语用能力不是测查重点，但也有所涉及。①

一、普通话水平测试等级标准

关于普通话水平测试等级的相关标准，详见表1-1，该表依据《普通话水平测试实施纲要（2021年版）》整理得出。

表1-1　普通话水平测试等级标准简表

测试等级		评价要素	分数
一级	甲等	语音标准；词汇、语法正确无误；语调自然，表达流畅	97分及以上
	乙等	语音标准，偶然有字音、字调失误；词汇、语法正确无误；语调自然；表达流畅	92分及以上但不足97分
二级	甲等	声韵调发音基本标准，少数难点音（平翘舌音、前后鼻尾音、边鼻音等）有时出现失误；词汇、语法极少有误；语调自然；表达流畅	87分及以上但不足92分
	乙等	个别调值不准，声韵母发音有不到位现象；难点音（平翘舌音、前后鼻尾音、边鼻音、fu-hu、z-zh-j、送气不送气、i-ü不分、保留浊塞音和浊塞擦音、丢介音、复韵母单音化等）失误较多；有使用方言词、方言语法的情况；方言语调不明显	80分及以上但不足87分
三级	甲等	声韵调发音失误较多，难点音超出常见范围，声调调值多不准；词汇、语法有失误；方言语调较明显	70分及以上但不足80分
	乙等	声韵调发音失误多，方言特征突出；词汇、语法失误较多；方言语调明显	60分及以上但不足70分

二、普通话水平测试试卷结构和评分标准

关于普通话水平测试试卷结构和评分标准，详见表1-2。

表1-2　普通话水平测试试卷结构和评分标准简表（四项测试）②

测试项			评分要素	评分规则
题型和时间	题量	分值		
读单音节字词限时3.5分钟	100个音节	10分	语音错误	扣0.1分/音节
			语音缺陷	扣0.05分/音节
			超时	1分钟以内扣0.5分；1分钟以上含1分钟扣1分

---

① 国家语委普通话与文字应用培训测试中心编制，《普通话水平测试实施纲要（2021年版）》，语文出版社，2022年，第1页。

② 普通话水平测试试卷由五个部分组成，分别是读单音节字词、读多音节词语、选择判断、朗读短文、命题说话，其中"选择判断"项可以由各省、自治区、直辖市语言文字工作部门根据测试对象或本地区实际情况决定是否免测。本表为免测"选择判断"后的四项测试试卷结构及评分标准，来源为《普通话水平测试实施纲要（2021年版）》。

续表

测试项			评分要素	评分规则
题型和时间	题量	分值		
读多音节词语 限时2.5分钟	100个音节	20分	语音错误	扣0.2分/音节
			语音缺陷	扣0.1分/音节
			超时	1分钟以内扣0.5分；1分钟以上（含1分钟）扣1分
朗读短文 限时4分钟	1篇 （400个音节）	30分	音节错误、漏读或增读	扣0.1分/音节
			声母或韵母系统性语音缺陷	视程度扣0.5分、1分
			语调偏误	视程度扣0.5分、1分、2分
			停连不当	视程度扣0.5分、1分、2分
			朗读不流畅（包括回读）	视程度扣0.5分、1分、2分
			超时	扣1分
命题说话 限时3分钟	2选1	40分	语音标准程度（25分）	一档：扣0分、1分、2分 二档：扣3分、4分 三档：扣5分、6分 四档：扣7分、8分 五档：扣9分、10分、11分 六档：扣12分、13分、14分
			词汇语法规范程度（10分）	一档：扣0分 二档：扣1分、2分 三档：扣3分、4分
			自然流畅程度（5分）	一档：扣0分 二档：扣0.5分、1分 三档：扣2分、3分
			缺时	1分钟以内（含1分钟），扣1分、2分、3分；1分钟以上，扣4分、5分、6分；说话不满30秒（含30秒），本测试项成绩计为0分

2009年教育部语言文字应用管理司印发《计算机辅助普通话水平测试评分试行办法》，对命题说话评分进行补充，增加了两项评分要素：

（1）离题、内容雷同，视程度扣4分、5分、6分。

（2）无效话语，累计占时酌情扣分：累计占时 1 分钟以内（含 1 分钟），扣 1 分、2 分、3 分；累计占时 1 分钟以上，扣 4 分、5 分、6 分；有效话语不满 30 秒（含 30 秒），本测试项成绩计为 0 分。

三、计算机辅助普通话水平测试操作流程

计算机辅助普通话水平测试是通过计算机语音识别系统，部分代替人工评测，对普通话水平测试中应试人朗读的"读单音节字词""读多音节词语""朗读短文"的语音标准程度进行辨识和评测。最后一项测试"命题说话"则由测试员不面对应试人直接评分。

计算机辅助普通话水平测试是由信息采集、正式测试两个主要环节组成。在参加考试之前，考生需要在规定的时间内报名并通过审核，随后参加相应批次的测试。

（一）信息采集

考生须在测试当天携带身份证、准考证，进行信息采集。

1. 身份信息验证

将身份证贴到终端设备相应位置上进行身份信息验证。

2. 照片采集

在管理人员指定的位置采集考生照片。

3. 系统抽签

测试系统会自动为考生抽取考试批次和机号。

（二）正式测试

1. 登录

考生坐到相应位置并正对摄像头，系统将通过人脸识别的方式自动登录。

2. 核对信息

考生核对个人信息，确认无误后单击"确定"按钮进入下一环节。

3. 佩戴耳机

戴上耳机，并将麦克风调整到距嘴部 2~3 厘米的位置，注意麦克风不要紧贴面部以免造成摩擦声。

4. 试音

进入试音页面后，会听到系统的提示语"现在开始试音，请在'嘟'的一声后朗读下面的句子"，之后以适中的音量朗读文本框中的个人信息。试音页面右侧有"音量提示"栏，可根据提示调整自己的音量。若试音成功，页面会弹出提示框"试音成功，请等待考场指令！"若试音失败，页面会弹出提示框，请单击"确认"按钮重新试音直至试音成功。

5. 开始测试

按照系统的指示依次完成读单音节字词、读多音节词语、朗读短文及命题说话。

（1）读单音节字词。关于国家普通话水平智能测试系统"读单音节字词"考试界面示例，详见图 1-1。

读单音节字词提示：保持与试音时相似的适中音量，横向逐字朗读，避免错行、漏行、漏字等。

图 1-1　"读单音节字词"考试界面示例

（2）读多音节词语。关于国家普通话水平智能测试系统"读多音节词语"考试界面示例，详见图 1-2。

读多音节词语提示：保持与试音时相似的适中音量，横向逐词朗读，避免错行、漏行、漏词等。

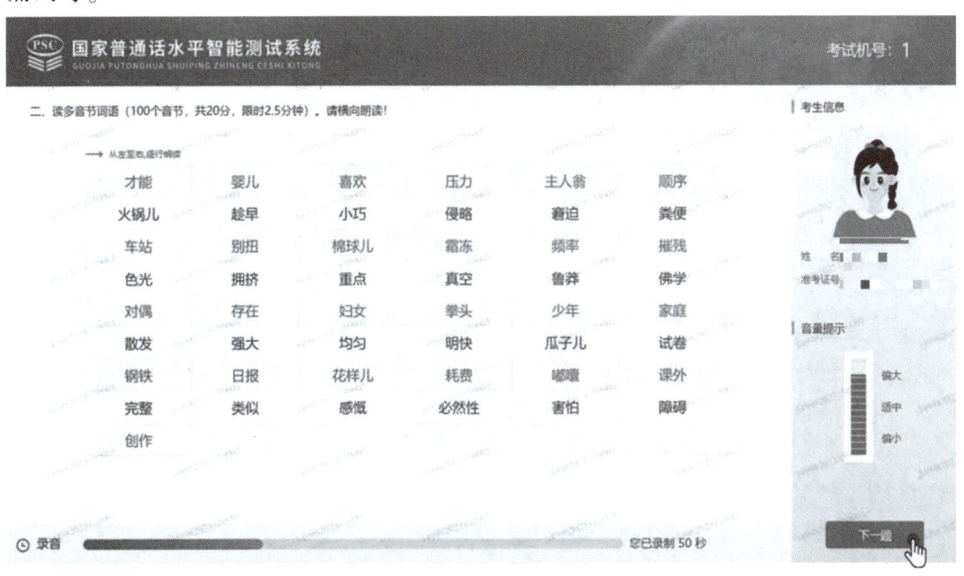

图 1-2　"读多音节词语"考试界面示例

（3）朗读短文。关于国家普通话水平智能测试系统"朗读短文"考试界面示例，详见图 1-3。

朗读短文提示：保持与试音时相似的适中音量，横向逐字朗读，避免错行、漏行、漏字、回读、停连不当、更改字词等。

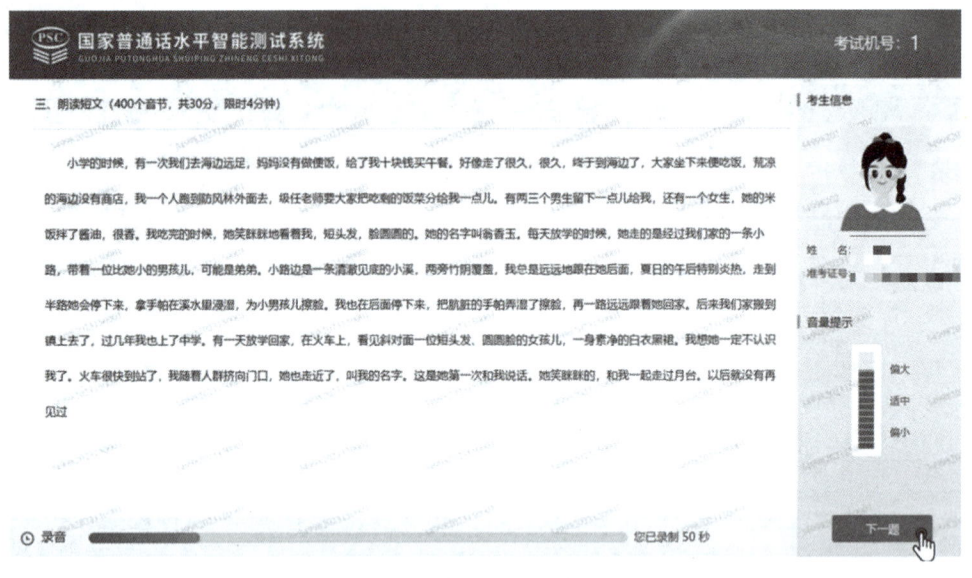

图 1-3 "朗读短文"考试界面示例

（4）命题说话。关于国家普通话水平智能测试系统"命题说话"考试界面示例，详见图 1-4、图 1-5。

命题说话提示：考生需要在提示的倒计时 10 秒内单击选择说话的题目，否则系统默认为第一题。确认题目后，应试人有 30 秒的准备时间，倒计时结束后开始答题，答题时请先读出所选择的题目。屏幕下方有时间条提示进度，说话满 3 分钟后，系统会自动提交试卷。

图 1-4 "命题说话"考试界面示例（1）

图 1-5 "命题说话"考试界面示例（2）

第二章 普通话语音基础知识

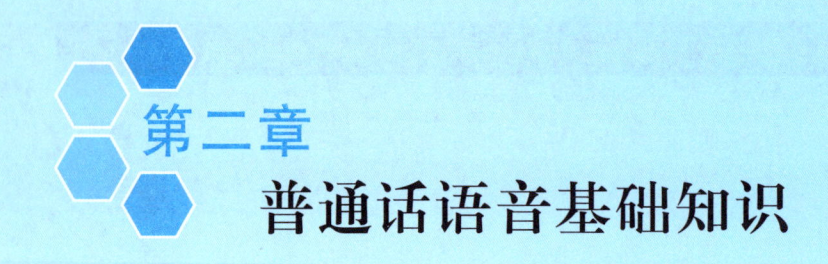

第一节 发音器官

一、发音器官简介

语音是指由人的发音器官发出的具有一定意义的声音。自然界的其他声音，比如风声、雨声、鸟叫虫鸣等，以及人们打喷嚏、咳嗽等都不是语音。语音是发音器官各部分协同动作产生的，从发音方面描写语音，最有效的办法是确定每个音在发出时有哪些发音部位参加，以及它们是如何协同动作的，也就是确定发音部位和发音方法。要做到这一点，首先必须弄清发音器官的构造。

二、发音器官

人类的发音器官分为三大部分：动力源（肺），发音体（声带），共鸣腔（喉腔、口腔、鼻腔、咽腔、唇腔）。通过这三部分发音器官，人类不仅可以发出乐音，还能发出大量的噪音。关于人的发音器官，详见图2-1。

1. 上唇　　2. 下唇
3. 上齿　　4. 下齿
5. 齿龈　　6. 硬腭
7. 软腭　　8. 小舌
9. 舌尖　　10. 舌面
11. 舌根　　12. 鼻腔
13. 口腔　　14. 咽头
15. 会厌　　16. 食道
17. 声带　　18. 气管
19. 喉头

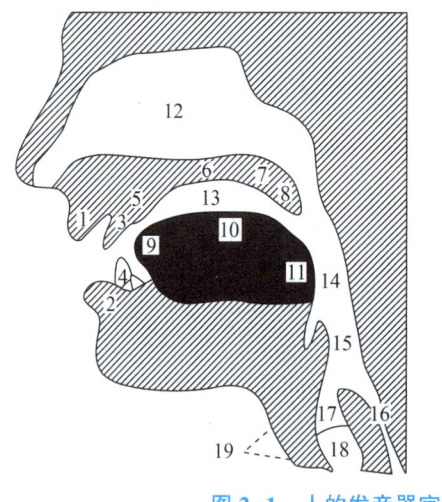

图2-1　人的发音器官

(一) 肺

肺是人的呼吸器官，位于人体的胸腔，左右各一，是发音的动力源，可以扩大或缩小。没有肺部的呼吸就不可能产生语音。肺部收缩时，里面的空气经过支气管、气管到达喉头，由口腔或鼻腔流出，就是呼气；肺部扩大时，空气从外边流入，就是吸气。我们说话多利用呼气发音，吸气音较为少见。

(二) 喉头和声带

喉头是连接咽头的起始部分，其作用一是保护气管，二是辅助发音。喉头由硬骨、软骨和软组织构成，上接咽部、下接气管，是气管和食道分开的位置。喉头在发音中之所以具有特殊的重要作用，是因为产生浊音声源的声带就处在喉头的中间。喉头当中有一对声带，左右各一，是两片很小的薄膜，成年男性的声带一般为 18~24 mm，成年女性的声带一般为 14~18 mm。声带的一端并合附着在甲状软骨上，是固定不动的；另一端分别附着在两块杓状软骨上，平时分开，呈倒"V"形，当中的空隙叫作声门。当我们呼吸和发清辅音（如 f、s）时，声门敞开，让气流顺利通过；当我们发元音（如 i、u）和浊辅音（如 r、m）时，声带靠拢，声门闭合，呼出的气流受到阻碍，冲击声带，形成持续的颤动。声带颤动产生的声带音成为这些浊音的音源。

(三) 口腔、鼻腔、咽腔

我们无法听到原始的声带音，由声带颤动而产生的声带音是通过喉腔、咽腔、口腔、唇腔和鼻腔这五个共振腔才传到人的耳朵里，其中口腔、鼻腔和咽腔作用最为明显。口腔由上腭和下腭两部分构成。附在上腭的有上唇、上齿、齿龈、硬腭、软腭和小舌。齿龈是上腭前端凸出的部分。硬腭是上腭靠前凹进去的部分，可以分为前腭、中腭、后腭三部分。软腭是上腭靠后的软的部分，它和与它相连的小舌能够上下移动。附在下腭的有下唇、下齿和舌头。舌头是口腔中最灵活的器官，在发音中起很大作用。舌头的尖端叫舌尖。舌头自然平伸时，相对于齿龈的部分叫舌叶。舌叶后面的部分叫舌面，分前、中、后三部分，其中相对于硬腭的部分是舌面前和舌面中，相对于软腭的部分是舌面后，舌面后又叫舌根。咽腔在喉头上面，是口腔、鼻腔和食道会合的地方。咽腔和喉头之间有一个树叶状的结构叫作会厌，由会厌软骨和黏膜构成。呼吸或说话的时候，会厌就打开，让空气自由出入；吃东西的时候，会厌就关上，让食物进入食道。由咽腔往上有两条路：一条通向口腔，一条通到鼻腔。起调节作用的是软腭连同小舌：软腭下垂，打开通鼻腔的通道，堵住通口腔的通道；如果软腭往上抬起，抵住喉壁，通鼻腔的路就被阻塞，气流只能从口腔出来。咽腔是人类特有的。

第二节 普通话语音系统

一、语音系统

语音系统又叫音系，是指某种语言或方言中各种语音要素及其相互关系的总和。比如普通话的语音系统是指普通话的声母、韵母、声调等各种语音要素以及这些语音要素相互配合的方式及变化规律。

二、元音和辅音

元音和辅音是语音学上最基本的两个概念，统称为"音素"。元音是指发音时气流振动声带，在共鸣腔中没有受到阻碍而形成的一类音素，如ɑ［A］、o［o］、ü［y］等；辅音是指发音时气流在共鸣腔中受到阻碍而形成的一类音素，如f［f］、b［p］、d［t］等。

（一）元音

元音在发音时气流在口腔中不受阻，顺利通过声腔，呼出的气流较弱，声带颤动，发音器官均衡紧张，声音清晰而响亮，都是浊音。普通话的音节里一般要有元音，至少1个，至多3个。元音的音色主要是由舌头和嘴唇的活动决定的，因此，给元音分类，最便捷的方法就是对舌头的位置和嘴唇的形状进行分类。舌头的位置可以根据发音时舌面隆起最高点即接近上腭的点（"舌位"或"近腭点"）的高低和前后两个方面来确定，唇形则可以根据嘴唇的圆展来确定。这样，元音的分类标准主要就有以下三条。

（1）舌位的高低——开口度小的是高元音，开口度大的是低元音。
（2）舌位的前后——舌位靠前的是前元音，舌位靠后的是后元音。
（3）唇形的圆展——唇形圆的是圆唇元音，唇形不圆的是不圆唇元音（展唇音）。

现代汉语普通话一共有10个单元音，分别是7个舌面元音，2个舌尖元音，1个卷舌元音。

1. 舌面元音

大多数元音在发音时舌肌用力比较均衡，舌面起主要作用。普通话一共有7个舌面元音，分别是ɑ［A］、o［o］、e［ɤ］、ê［ɛ］、i［i］、u［u］、ü［y］，关于这7个音素的发音特征，我们可以通过普通话常见舌面元音舌位图来进行说明，详见图2-2。

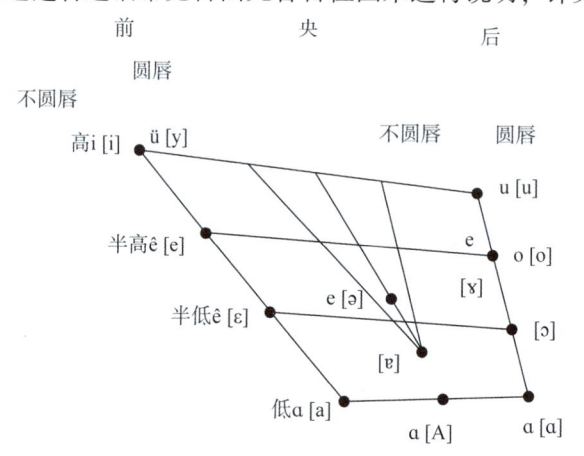

图2-2 普通话常见舌面元音舌位图

图2-2的4个顶点分别是舌位活动的上、下、前、后4个极端位置，也就是舌位活动的外围极限，在这个极限范围内，舌位可以任意变动，发出各种不同的元音。一般把舌位的纵向活动位置（舌位的高低）分为四度，即高、半高、半低、低；舌位的横向活动位置（舌位的前后）分为三度，即前、央、后；竖（斜）线的左侧标记不圆唇音，右侧标记圆唇音。这样，普通话里的7个舌面元音从语音学的角度描述分别是：

ɑ：舌面、央、低、不圆唇元音。
o：舌面、后、半高、圆唇元音。
e：舌面、后、半高、不圆唇元音。
ê：舌面、前、半低、不圆唇元音。
i：舌面、前、高、不圆唇元音。
u：舌面、后、高、圆唇元音。
ü：舌面、前、高、圆唇元音。

2. 舌尖元音

舌尖元音是一种较为特殊的元音，主要依靠舌尖用力而形成。普通话里的舌尖元音有两个，分别是 zi、ci、si 里的-i［ɿ］（舌尖前不圆唇元音）和 zhi、chi、shi、ri 里的-i［ʅ］（舌尖后不圆唇元音），我们用普通话分别念"资"和"知"，并把声音拉长，听到的靠后的声音便是这两个舌尖元音。

由于这两个舌尖元音都没有零声母音节，且［ɿ］只出现在声母 z、c、s 的后面，［ʅ］只出现在声母 zh、ch、sh、r 的后面，它们与舌面元音 i 出现条件并不交叉，因此《汉语拼音方案》用字母"i"同时表示三个音素，并不会发生混淆。

3. 卷舌元音

卷舌元音也是一种较为特殊的元音，靠卷舌动作形成。发舌面元音的同时舌尖向硬腭翘起，就形成了卷舌元音，普通话中只有一个卷舌元音就是［ɚ］，为了书写和印刷的方便，一般写成［ər］，这个［r］只表示卷舌动作，并不是一个独立的音节。

（二）辅音

辅音发音时气流在声腔中明显受阻，呼出的气流较强，声带可能颤动（浊辅音）也可能不颤动（清辅音），发音器官对气流构成阻碍的部位特别紧张。普通话里一共有 22 个辅音音位，其中 20 个只能作声母，1 个只能作韵尾，1 个既能作声母又能作韵尾。关于普通话的辅音音位，详见表 2-1。

辅音可以从发音部位和发音方法两个不同的角度进行分类。

1. 按发音部位分

从发音部位来看，普通话的 22 个辅音可以分为以下七类。

（1）双唇音：由上唇和下唇构成阻碍发出的音，有 b、p、m 三个。
（2）唇齿音：由上齿和下唇构成阻碍发出的音，只有 f 一个。
（3）舌尖前音：由舌尖和上齿背构成阻碍发出的音，有 z、c、s 三个。
（4）舌尖中音：由舌尖和上齿龈构成阻碍发出的音，有 d、t、n、l 四个。
（5）舌尖后音：由舌尖和硬腭前端构成阻碍发出的音，有 zh、ch、sh、r 四个。
（6）舌面音：由舌面前部和硬腭前端构成阻碍发出的音，有 j、q、x 三个。
（7）舌根音：由舌根和软腭构成阻碍发出的音，有 g、k、h、ng 四个。

2. 按发音方法分

首先，从呼出气流破除发音部位阻碍的方法来看，可以将普通话中的 22 个辅音音位分为以下五类。

（1）塞音：发音时，软腭上升堵住鼻腔通道，口腔中形成阻碍的两个部位完全闭合，气流突破阻碍爆破成音。普通话的塞音有6个，分别是b、p、d、t、g、k。

（2）擦音：发音时，软腭上升堵住鼻腔通道，口腔中形成阻碍的两个部位靠近，留出一条窄缝，气流从窄缝中挤出，摩擦成音。普通话的擦音有6个，分别是f、s、sh、r、h、x。

（3）塞擦音：发音时，软腭上升堵住鼻腔通道，口腔中形成阻碍的两个部位开始时完全闭合，气流将闭合部分冲开一条窄缝，从窄缝中挤出，摩擦成音。塞擦音的前半部分是塞音，后半部分是擦音，所以称为塞擦音。普通话的塞擦音有6个，分别是z、c、zh、ch、j、q。

（4）鼻音：发音时，软腭下垂堵住口腔通道，气流从鼻腔里通过。普通话的鼻音有3个，分别是m、n、ng。

（5）边音：发音时，软腭上升堵住鼻腔通道，口腔中舌尖和上齿龈接触构成阻碍，舌头两边留有空隙，气流从舌头两边出去。普通话只有1个边音l。

其次，从声带是否颤动，普通话的辅音可以分为以下两类。

（1）清音：发音时，声门打开，声带松弛不颤动。普通话的清音有17个，分别是b、p、f、d、t、g、k、h、j、q、x、zh、ch、sh、z、c、s。

（2）浊音：发音时，声门闭合，声带靠拢，气流冲出声门使声带颤动。普通话的浊音有5个，分别是m、n、l、r、ng。

最后，从除阻时气流的强弱，普通话的塞音、塞擦音可以分为两类。

（1）送气音：除阻时气流较强。普通话的送气音有6个，分别是p、t、k、ch、c、q。

（2）不送气音：除阻时气流较弱。普通话的不送气音有6个，分别是b、d、g、zh、z、j。

表2-1 普通话的辅音音位表

发音方法			发音部位						
			唇音		舌尖前音	舌尖中音	舌尖后音	舌面音	舌根音
			双唇音	唇齿音					
塞音	清音	不送气音	b [p]			d [t]			g [k]
		送气音	p [pʰ]			t [tʰ]			k [kʰ]
塞擦音	清音	不送气音			z [ts]		zh [tʂ]	j [tɕ]	
		送气音			c [tsʰ]		ch [tʂʰ]	q [tɕʰ]	
擦音		清音		f [f]	s [s]		sh [ʂ]	x [ɕ]	h [x]
		浊音					r [ʐ]		
鼻音		浊音	m [m]			n [n]			ng [ŋ]
边音		浊音				l [l]			

三、声母、韵母、声调

中国传统音韵学将汉语音节结构分为声母、韵母、声调三个部分。

（一）声母

声母是一个音节开头的辅音，如"普通话"pǔtōnghuà 三个音节的声母分别是 p、t、h，普通话有 21 个辅音声母。有的音节开头没有辅音，如"昂"áng、"欧"ōu，这种情况我们称为"零声母"，零声母也可以看作一种声母。

（二）韵母

韵母是一个音节中声母后面的成分，如"普通话"pǔtōnghuà 三个音节的韵母分别是 u、ong、ua。韵母可能只有元音，如"u""ua"，也可能是元音和辅音的组合，如"ong"。普通话有 39 个韵母。

（三）声调

汉语是一种声调语言，同一个音节可能有高低曲直的变化，这种变化就是声调。声调可以区别意义，如"搭"dā 是高平调、"达"dá 是中升调、"打"dǎ 是转折调、"大"dà 是全降调，这四类高低升降分别是普通话中的阴平、阳平、上声和去声。

四、普通话声韵调配合规律

普通话有 21 个辅音声母、39 个韵母、4 个声调。它们之间不是任意拼合的，而是存在一定的配合规律。掌握这些规律，对于普通话的学习大有裨益。

（一）普通话的声韵配合规律

普通话的声韵配合，主要与声母的发音部位和韵母的介音即"四呼"（开口呼、齐齿呼、合口呼、撮口呼）有关。关于普通话的声韵配合规律，详见表 2-2。

表 2-2 普通话的声韵配合规律简表

声母		韵母			
		开口呼	齐齿呼	合口呼	撮口呼
双唇音	b、p、m	+	+	只限于 u	
唇齿音	f	+		只限于 u	
舌尖中音	d、t	+	+	+	
	n、l				+
舌面音	j、q、x		+		+
舌根音	g、k、h	+		+	
舌尖后音	zh、ch、sh、r	+		+	
舌尖前音	z、c、s	+		+	
零声母	∅	+	+	+	+

1. 从声母看

（1）双唇音和舌尖中音 d、t 能和开口呼、齐齿呼、合口呼相拼，不能和撮口呼相拼。双唇音与合口呼相拼时仅限于 u。

（2）唇齿音、舌根音、舌尖前音、舌尖后音能和开口呼、合口呼相拼，不能和齐齿呼、撮口呼相拼。唇齿音与合口呼相拼仅限于 u。

（3）舌尖中音 n、l 能和四呼相拼。

（4）舌面音能和齐齿呼、撮口呼相拼，不能和开口呼、合口呼相拼。

（5）零声母能和四呼相拼。

2. 从韵母看

（1）开口呼、合口呼能和除了舌面音外的其他各发音部位声母相拼。

（2）齐齿呼能和双唇音、舌尖中音、舌面音、零声母相拼，不与其他声母相拼。

（3）能和撮口呼相拼的声母最少，只有舌尖中音 n 和 l、舌面音、零声母。

（二）普通话的声韵调配合规律

普通话声韵与声调的配合不像声母和韵母配合那么规律性强，总的来说主要有以下几条。

（1）m、n、l、r 四个古代浊声母字与韵母组成的音节，很少读阴平（只有少数口语常用字例外，如：妈 mā、抹 mā 布、猫 māo、闷 mēn 热、眯 mī、摸 mō、拉 lā、捏 niē、捞 lāo、勒 lēi、溜 liū、抡 lūn 等）。

（2）送气塞音 p、t、k 和送气塞擦音 q、c、ch 与韵母组成的音节大多是阳平调值。

（3）不送气塞音 b、d、g 和不送气塞擦音 j、z、zh 与韵母组成的音节大多是去声，同鼻辅音韵母相拼时没有阳平调（甭 béng、哏 gén 这种口语词和方言词是例外）。

五、普通话常用音节

根据《现代汉语词典》所列的音节表，现代汉语普通话大概有1 300个音节，如果不分声调，那么就有400个左右的音节。但这400个左右的音节并不都是常用的，它们的使用频率并不一致，其中常用音节和次常用音节共有47个。

常用音节（14个）：de、shi、yi、bu、you、zhi、le、ji、zhe、wo、ren、li、ta、dao

次常用音节（33个）：zhong、zi、guo、shang、ge、men、he、wei、ye、da、gong、jiu、jian、xiang、zhu、lai、sheng、di、zai、ni、xiao、ke、yao、wu、yu、jie、jin、chan、zuo、jia、xian、quan、shuo

掌握这些常用音节和次常用音节，对普通话学习很有帮助。

第三节　汉语拼音方案

1956年，中国文字改革委员会组织专家拟定并公布了《汉语拼音方案（草案）》。1958年2月11日，第一届全国人民代表大会第五次会议讨论了国务院周恩来总理提出的关于汉语拼音方案草案的议案，和中国文字改革委员会吴玉章主任关于当前文字改革和汉语拼音方案的报告，批准颁布了《汉语拼音方案》。1982年，国际标准化组织（ISO）开始采用《汉语拼音方案》作为汉语罗马字母拼写的国际标准。汉语拼音作为识读汉字、学习普通话、汉字输入的重要工具，能简便、准确地拼写普通话语音，发挥了巨大的社会作用。

《汉语拼音方案》分为五个部分，分别是字母表、声母表、韵母表、声调符号、隔音符号。

汉语拼音方案

（1957年11月1日国务院全体会议第60次会议通过）
（1958年2月11日第一届全国人民代表大会第五次会议批准）

一、字母表

字母	名称	字母	名称
Aa	ㄚ	Nn	ㄋㄝ
Bb	ㄅㄝ	Oo	ㄛ
Cc	ㄘㄝ	Pp	ㄆㄝ
Dd	ㄉㄝ	Qq	ㄑㄧㄡ
Ee	ㄜ	Rr	ㄚㄦ
Ff	ㄝㄈ	Ss	ㄝㄙ
Gg	ㄍㄝ	Tt	ㄊㄝ
Hh	ㄏㄚ	Uu	ㄨ
Ii	ㄧ	Vv	ㄓㄝ
Jj	ㄐㄧㄝ	Ww	ㄨㄚ
Kk	ㄎㄝ	Xx	ㄒㄧ
Ll	ㄝㄌ	Yy	ㄧㄚ
Mm	ㄝㄇ	Zz	ㄗㄝ

V只用来拼写外来语、少数民族语言和方言。字母的手写体依照拉丁字母的一般书写习惯。

二、声母表

b	p	m	f	d	t	n	l
ㄅ玻	ㄆ坡	ㄇ摸	ㄈ佛	ㄉ得	ㄊ特	ㄋ讷	ㄌ勒
g	k	h			j	q	x
ㄍ哥	ㄎ科	ㄏ喝			ㄐ基	ㄑ欺	ㄒ希
zh	ch	sh	r		z	c	s
ㄓ知	ㄔ蚩	ㄕ诗	ㄖ日		ㄗ资	ㄘ雌	ㄙ思

在给汉字注音的时候，为了使拼式简短，zh、ch、sh可以省作ẑ、ĉ、ŝ。

三、韵母表

	i ㄧ 衣	u ㄨ 乌	ü ㄩ 迂
a ㄚ 啊	ia ㄧㄚ 呀	ua ㄨㄚ 蛙	
o ㄛ 喔		uo ㄨㄛ 窝	
e ㄜ 鹅	ie ㄧㄝ 耶		üe ㄩㄝ 约
ai ㄞ 哀		uai ㄨㄞ 歪	
ei ㄟ 欸		uei ㄨㄟ 威	
ao ㄠ 熬	iao ㄧㄠ 腰		
ou ㄡ 欧	iou ㄧㄡ 忧		
an ㄢ 安	ian ㄧㄢ 烟	uan ㄨㄢ 弯	üan ㄩㄢ 冤
en ㄣ 恩	in ㄧㄣ 因	uen ㄨㄣ 温	ün ㄩㄣ 晕
ang ㄤ 昂	iang ㄧㄤ 央	uang ㄨㄤ 汪	
eng ㄥ 亨的韵母	ing ㄧㄥ 英	ueng ㄨㄥ 翁	
ong （ㄨㄥ） 轰的韵母	iong ㄩㄥ 雍		

（1）"知、蚩、诗、日、资、雌、思"等七个音节的韵母用i，即：知、蚩、诗、日、资、雌、思等字拼作zhi，chi，shi，ri，zi，ci，si。

（2）韵母儿写成er，用作韵尾的时候写成r。例如："儿童"拼作ertong，"花儿"拼作huar。

（3）韵母ㄝ单用的时候写成ê。

（4）i行的韵母，前面没有声母的时候，写成yi（衣），ya（呀），ye（耶），yao（腰），you（忧），yan（烟），yin（因），yang（央），ying（英），yong（雍）。

u行的韵母，前面没有声母的时候，写成wu（乌），wa（蛙），wo（窝），wai（歪），wei（威），wan（弯），wen（温），wang（汪），weng（翁）。

ü行的韵母，前面没有声母的时候，写成yu（迂），yue（约），yuan（冤），yun（晕）；ü上两点省略。

ü行的韵母跟声母j，q，x拼的时候，写成ju（居），qu（区），xu（虚），ü上两点也省略；但是跟声母 n，l 拼的时候，仍然写成 nü（女），lü（吕）。

（5）iou，uei，uen 前面加声母的时候，写成 iu，ui，un。例如 niu（牛），gui（归），lun（论）。

（6）在给汉字注音的时候，为了使拼式简短，ng 可以省作 ŋ。

四、声调符号

阴平　阳平　上声　去声
　ˉ　　ˊ　　ˇ　　ˋ

声调符号标在音节的主要母音上。轻声不标。例如：

妈 mā　　麻 má　　马 mǎ　　骂 mà　　吗 ma
（阴平）（阳平）（上声）（去声）（轻声）

五、隔音符号

a，o，e 开头的音节连接在其他音节后面的时候，如果音节的界限发生混淆，用隔音符号（'）隔开，例如：pi'ao（皮袄）。

第三章 声调训练

第一节 声调简介

一、什么是声调

汉语是一种声调语言，每个音节都有自己的高低升降，而且有分辨意义的作用，如"科、咳、渴、课"的差别就是由声调造成的。声调使普通话音节之间界限分明，并且形成了跌宕起伏、抑扬顿挫的音高变化，使普通话的语音富有音乐感和节奏感。

声调取决于音高，也就是发音时频率的高低。单位时间内振动次数越多，频率越高；反之，单位时间内振动次数越少，频率越低。音高与声带的长短、松紧等有关，声带绷得越紧，声音越高，声带放得越松，声音越低。另外，男性和女性、老人和小孩，由于声带状况不同，音高也会有差异，一般女性和小孩的声音较高，男性和老人的声音较低。

普通话有四种基本调值，可以归纳为四种调类。根据古今调类演变的对应关系，分别命名为阴平、阳平、上声、去声，其调值分别为55、35、214、51，按其发音特征可以总结为高平调、中升调、降升调、全降调。关于普通话的声调，详见表3-1。关于普通话的调值，详见图3-1。

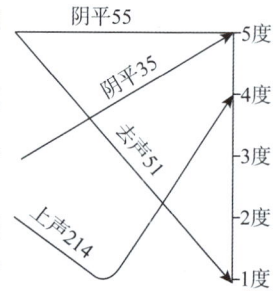

图3-1 普通话的调值（五度标调法）

表3-1 普通话的声调简表

调类	调值	调号	例字
阴平	55	ˉ	妈、西、搭
阳平	35	´	麻、席、答
上声	214	ˇ	马、洗、打
去声	51	`	骂、细、大

二、常见偏误

在普通话学习中，常见的声调偏误主要有以下几种：一是分不清阳平和上声，易将上声误发为阳平，即"该转不转"；二是去声发音不到位，如把 51 发为 52，即"该降不降"；三是发音速度影响调值，发得太快时将上声 214 发为 21，而发音过于拖沓则易将上声 214 误发为 2142 或 2143、阳平 35 发为 435 等；四是词语中的调值不到位，特别是四声的相对高点或低点明显不一致，如把"阴平+去声"中的阴平发为 44 甚至 33。这些发音偏误，都是我们在学习过程中要注意避免的。

第二节　四声辨正

一、阴平

阴平调的发音要注意肌肉始终保持紧张状态，起音高且保持平稳。

bā	pā	mā	fā	dā	tā	lā	kā	hā	suī
八	趴	妈	发	搭	他	拉	咖	哈	虽
jiā	qiā	xiā	zhī	chī	shī	zī	cī	sī	yā
加	掐	瞎	之	吃	诗	资	疵	丝	压
bāo	pōu	mō	fū	dāo	tāo	niān	līn	guī	zhōng
包	剖	摸	敷	刀	涛	蔫	拎	归	中
kuī	huī	jiū	qū	xiē	zhū	wū	yū	yī	xū
亏	灰	究	区	些	猪	屋	淤	衣	需

hūxī	jīngxīn	guānghuī	fāhuī	tōngzhī	chūfā	jiāngjūn	tuōlā
呼吸	精心	光辉	发挥	通知	出发	将军	拖拉
sījī	fāngfēi	shūqiān	pāokāi	dēngxiāng	xīnhuāng	jiāojiē	huīxīn
司机	芳菲	书签	抛开	灯箱	心慌	交接	灰心

bēigōng-qūxī	xīxī-xiāngguān	yōuxīn-chōngchōng	shēngdōng-jīxī
卑躬屈膝	息息相关	忧心忡忡	声东击西

二、阳平

阳平调的发音要注意起点不要太高，否则易出现"扬不上去"的情况。

tái	wán	shú	bái	pái	mái	fú	néng	lú	huí
台	完	熟	白	排	埋	浮	能	庐	回
ér	zhuó	mián	hóng	yá	ké	zhú	sú	lí	qín
儿	卓	棉	红	牙	壳	竹	俗	离	秦
huá	chá	xián	bá	lún	wá	wéi	shéng	zhí	fán
华	茶	闲	拔	轮	娃	围	绳	直	凡
tú	hán	lí	guó	zhú	shí	yí	xué	táng	yán
图	函	离	国	烛	实	移	学	糖	研

suíxíng	értóng	huáwén	lúnhuá	zhuójué	guóqí	báhé	wéiqiáng
随行	儿童	华文	轮滑	卓绝	国旗	拔河	围墙
lánqiú	Yúnnán	chuángtóu	jíqí	wénxué	fángliáng	shíshí	xíngwéi
篮球	云南	床头	极其	文学	房梁	实时	行为

míngcún-shíwáng	jiézé'éryú	méilánzhújú	tíngtáilóugé
名存实亡	竭泽而渔	梅兰竹菊	亭台楼阁

三、上声

上声调是一个发音的难点，要注意声带放松，把声调的起点降低。同时，上声在单念或在词句末尾时要注意读完整的214。

gǎo	běi	lǎo	cǐ	xǐng	kǔ	nǔ	suǒ	xǐ	shěng
稿	北	老	此	醒	苦	努	所	洗	省
zhǐ	shǒu	xiǎo	fěi	jǐn	gǒu	wǔ	bǔ	rěn	xiǎn
只	守	小	匪	紧	狗	五	补	忍	显
mǎi	fǎng	jǔ	xiě	niǎn	jǐ	dǎ	bǐ	zhǎng	wǎng
买	仿	举	写	撵	几	打	比	涨	网
shǐ	dǐ	jiǎ	huǒ	zhǒng	jiě	duǎn	wěn	xuě	dǔ
史	底	假	火	种	姐	短	吻	雪	赌

guǎnlǐ	lǐxiǎng	fěnbǐ	měihǎo	yěxǔ	fǎnbǔ	huǐgǎi	bǔjǐ
管理	理想	粉笔	美好	也许	反哺	悔改	补给
ěrgǔ	fǔxiǔ	tǐgǎn	wǔdǎo	xiǎoniǎo	zhǐdǎo	jiǎngpǐn	
耳骨	腐朽	体感	舞蹈	小鸟	指导	奖品	

qǐyǒucǐlǐ	yǒubǎnyǒuyǎn	lǎoyǒusuǒyǎng	chǐyǒusuǒduǎn
岂有此理	有板有眼	老有所养	尺有所短

四、去声

去声是一个全降调，发音时注意降到底。

wù	qìng	guò	yà	fèi	chàng	jiè	xìn	gèng	huà
物	庆	过	亚	费	畅	届	信	更	话
lì	yuàn	qiào	mì	xiàn	là	shì	bàn	ài	zhè
历	愿	翘	秘	现	辣	事	办	爱	这
jiào	tàng	mèi	tòng	xiàng	shòu	pìn	chàng	chòu	dòu
叫	烫	妹	痛	向	受	聘	畅	臭	豆
fù	wèn	chì	zuì	jiàn	dà	zuò	qiàn	shì	sì
富	问	赤	最	溅	大	作	欠	试	四

huòwù	bìnglì	hàodàng	hòumiàn	bìngzhòng	jiànlì	huànyào	zuòyè
货物	病例	浩荡	后面	病重	建立	换药	作业
zhàoyào	dàoguàn	zhùzào	zhìhuì	shùyè	xìnrèn	zàozuò	xìsuì
照耀	道观	铸造	智慧	树叶	信任	造作	细碎

jiànlì-wàngyì	zìzuò-zìshòu	miànmiàn-jùdào	wànlài-jùjì
见利忘义	自作自受	面面俱到	万籁俱寂
xìnshì-dàndàn	jiùshì-lùnshì	yuèyuè-yùshì	zìyuàn-zìyì
信誓旦旦	就事论事	跃跃欲试	自怨自艾

五、声调训练

（一）阴阳上去

yī	yí	yǐ	yì	huī	huí	huǐ	huì
一	姨	乙	艺	辉	回	毁	惠
fēng	féng	fěng	fèng	fēi	féi	fěi	fèi
风	冯	讽	奉	飞	肥	匪	费
tōng	tóng	tǒng	tòng	yū	yú	yǔ	yù
通	同	桶	痛	迂	于	雨	遇

qiānchuí-bǎiliàn	guāngmíng-lěiluò	huāhóng-liǔlǜ	xīnzhí-kǒukuài
千锤百炼	光明磊落	花红柳绿	心直口快
diāochóng-xiǎojì	fānrán-xǐngwù	huātuán-jǐncù	bīngqiáng-mǎzhuàng
雕虫小技	幡然醒悟	花团锦簇	兵强马壮

（二）阴平+阴平

yīnjiān	hūxī	jiāotōng	fūqī	qiāngzhī	piānjī	fānshū	zhēnxīn
阴间	呼吸	交通	夫妻	枪支	偏激	翻书	真心
kāfēi	jīguān	qīngchūn	lājī	gāozhōng	biānjiāng	huāqī	tūjī
咖啡	机关	青春	垃圾	高中	边疆	花期	突击
piānzhāng	shūchū	shānfēng	biāoqiān	xīnxiān	gāogū	wānqū	bēiguān
篇章	输出	山峰	标签	新鲜	高估	弯曲	悲观

（三）阴平+阳平

yīnpíng	jīfáng	bāngmáng	jīnghuá	yīnyáng	jīngjí	shēnghuó	wēnróu
阴平	机房	帮忙	精华	阴阳	荆棘	生活	温柔
jījí	yōuliáng	bānjí	kēxué	fēicháng	suīrán	wūyán	fēnfán
积极	优良	班级	科学	非常	虽然	屋檐	纷繁
ānquán	chuānglián	yīnpín	zōnghé	shūjí	yōurán	tōngcháng	jiārén
安全	窗帘	音频	综合	书籍	悠然	通常	家人

（四）阴平+上声

gēnběn 根本	gōuhuǒ 篝火	guāngcǎi 光彩	sīxiǎng 思想	shīchǒng 失宠	fāzhǎn 发展	bānzhǎng 班长	shēngchǎn 生产
jūjǐn 拘谨	gōngxǐ 恭喜	wēixiǎn 危险	jiāyǐ 加以	chōngxǐ 冲洗	xīnxǐ 欣喜	zhēnwǒ 真我	zhōngdiǎn 终点
shēngmǔ 声母	fūqiǎn 肤浅	yīnxiǎn 阴险	jīchǔ 基础	xiāoqiǎn 消遣	shēntǐ 身体	shāngǎng 山岗	sīkǎo 思考

（五）阴平+去声

yōuxiù 优秀	shūguì 书柜	gāodàng 高档	bēijù 悲剧	jiānruì 尖锐	shōugòu 收购	yānmò 淹没	fēngyè 枫叶
xiāngqì 香气	gēnjù 根据	shīqù 失去	tuījiàn 推荐	jīngyàn 经验	yīliàn 依恋	sāngshù 桑树	qīngbiàn 轻便
hūhuàn 呼唤	gōngzuò 工作	bāokuò 包括	yīnyùn 音韵	shōufù 收腹	kūqì 哭泣	huīsè 灰色	lāliàn 拉链

（六）阳平+阴平

míshī 迷失	chúxī 除夕	héfēng 和风	héshēng 和声	chuánshuō 传说	huíjiā 回家	qíguān 奇观	shúxī 熟悉
qípā 奇葩	tóngwū 同屋	lúnfān 轮番	yúnduān 云端	wénfēng 文风	shíjiān 时间	Hángzhōu 杭州	tángxī 糖稀
yánbā 盐巴	yúwēi 余威	yángfān 扬帆	shíxīn 实心	báitiān 白天	liánxī 怜惜	míngshēng 名声	jízhōng 集中

（七）阳平+阳平

héngliáng 衡量	páihuái 徘徊	jíhé 集合	gélí 隔离	néngyuán 能源	zhéxué 哲学	bíliáng 鼻梁	wénmíng 文明
páichú 排除	yántú 沿途	cígé 辞格	yángé 严格	xiányú 咸鱼	héngfú 横幅	hóngyáng 弘扬	hóngxué 红学
hóutóu 喉头	hútáo 胡桃	huálún 滑轮	huánjié 环节	huángquán 皇权	juéqíng 绝情	liángtián 良田	liúyán 留言

（八）阳平+上声

| hánshǔ 寒暑 | jiáǎo 夹袄 | xuéjiě 学姐 | língmǐn 灵敏 | chángyuǎn 长远 | línxuǎn 遴选 | chángfěn 肠粉 | jíshǐ 即使 |
| suíxǐ 随喜 | chíchěng 驰骋 | hóngshǔ 红薯 | yúchǔn 愚蠢 | dúpǐn 毒品 | tiáokǎn 调侃 | róngrěn 容忍 | áidǎ 挨打 |

| juéqǐ 崛起 | bácǎo 拔草 | chénwěn 沉稳 | wánměi 完美 | mángguǒ 杧果 | lánggǒu 狼狗 | liángshuǎng 凉爽 | wánshuǎ 玩耍 |

（九）阳平+去声

wúxiàn 无限	míngwàng 名望	shíjì 实际	shídài 时代	júmiàn 局面	huángdì 皇帝	hóngdòu 红豆	dáfù 答复
míngshèng 名胜	guóyàn 国宴	jíkòng 疾控	xuéxiào 学校	niándài 年代	fángwèi 防卫	wényì 文艺	tóngzhì 同志
chángshì 尝试	shíyòng 实用	línyù 淋浴	chúguì 橱柜	dútè 独特	páiliè 排列	táotài 淘汰	rénjì 人际

（十）上声+阴平

zǎoqī 早期	mǎchē 马车	fěnsī 粉丝	yǎnchū 演出	kǎoxiāng 烤箱	bǔchōng 补充	tǒngyī 统一	lǚjū 旅居
luǒhūn 裸婚	mǎidān 买单	mǎnfēn 满分	mǎodīng 铆钉	nǔgōng 弩弓	qiǎntān 浅滩	rǎngāng 染缸	shěnpī 审批
shěngxīn 省心	shǐzhōng 始终	wěisuō 萎缩	děngfēn 等分	xiǎnfēng 险峰	xiěshēng 写生	xuǎnbiān 选编	yǐngxīng 影星

（十一）上声+阳平

kělián 可怜	zhǔxí 主席	qǐchuáng 起床	qǐméng 启蒙	liǎnjiá 脸颊	bǎochí 保持	wǔshí 五十	xǐyá 洗牙
zhǒngzú 种族	guǒxié 裹挟	liǔtiáo 柳条	gǎochóu 稿酬	xǐdí 洗涤	yǎnlián 眼帘	jiǔpíng 酒瓶	sǐwáng 死亡
yǎnmó 眼膜	jǐngchá 警察	huǎngyán 谎言	kǒuxíng 口型	lǐyóu 理由	dǐnglóu 顶楼	dǎlíng 打铃	chǔfá 处罚

（十二）上声+上声

yǒngyuǎn 永远	dǎrǎo 打扰	diǎnyǎ 典雅	bǎomǔ 保姆	dǎoyǎn 导演	lǐngdǎo 领导	yǒuhǎo 友好	zhǔdǎo 主导
guǎngchǎng 广场	gǎnxiǎng 感想	zhǎnlǎn 展览	hǔgǔ 虎骨	xuǎnjǔ 选举	yǐnrěn 隐忍	suǒqǔ 索取	wǔdǎo 舞蹈
fǔyǎng 抚养	zǒnglǐ 总理	gǎixiě 改写	yǔnxǔ 允许	huǐgǎi 悔改	kǎitǐ 楷体	Běihǎi 北海	yǐngxiǎng 影响

（十三）上声+去声

| kěkòng 可控 | lǐngyù 领域 | yǒuxù 有序 | kǒuzhào 口罩 | fǎàn 法案 | tǒngzhì 统治 | chǎnyè 产业 | tǐyàn 体验 |

fǒudìng 否定	gǎnxìng 感性	zǐxì 仔细	huǒbàn 伙伴	Wǔhàn 武汉	mǎnyì 满意	zhǔwò 主卧	shuǐgòu 水垢
lǐmào 礼貌	chǐcùn 尺寸	lǒngluò 笼络	lǒubào 搂抱	jiǎnglì 奖励	fǎnzhèng 反正	zhǔyào 主要	gǎizhèng 改正

（十四）去声+阴平

shùnjiān 瞬间	hòutiān 后天	rènzhēn 认真	fàngsōng 放松	jiànkāng 健康	hùgōng 护工	yìnshuā 印刷	qìfēn 气氛
diànyā 电压	dàjiā 大家	dìngjū 定居	shèdēng 射灯	yùgāng 浴缸	shàngxīn 上心	jiàoshī 教师	duìfāng 对方
shùzhī 树枝	qìwēn 气温	yìngzhuāng 硬装	kèlā 克拉	xiàofāng 校方	yìnzhāng 印章	tòngkū 痛哭	shìjiān 世间

（十五）去声+阳平

rènwéi 认为	sèmáng 色盲	dìtú 地图	Yuènán 越南	diànyuán 电源	zhèngcháng 正常	kèchéng 课程	dàxué 大学
miànlín 面临	yìngpán 硬盘	làzhú 蜡烛	shìshí 事实	jùjí 聚集	jùjué 拒绝	dàfú 大幅	chàngtán 畅谈
diànchí 电池	bùzú 不足	bàozhú 爆竹	làcháng 腊肠	shuìmián 睡眠	huìtú 绘图	zhàngliáng 丈量	pòyú 迫于

（十六）去声+上声

huànxiǎng 幻想	tuìchǎng 退场	xiànjǐng 陷阱	bànlǚ 伴侣	diànyǐng 电影	cèzhǐ 厕纸	hànyǔ 汉语	wòdǐ 卧底
fùnǚ 妇女	xiàoguǒ 效果	zhènghǎo 正好	dìnuǎn 地暖	diànnǎo 电脑	lùkǎ 绿卡	diàndǐ 垫底	zhòngjiǎng 中奖
kùshǔ 酷暑	jìnqǔ 进取	hùbǔ 互补	zhèngfǔ 政府	guòwǎng 过往	kèbǎn 刻板	dàodǐ 到底	kèjǐ 克己

（十七）去声+去声

mìngyùn 命运	jìnbù 进步	dìngyì 定义	jìshù 技术	kòngzhì 控制	hùhuì 互惠	zìlǜ 自律	ànjiàn 案件
jiàoshì 教室	kuàngkè 旷课	mènghuàn 梦幻	huìbào 汇报	lùxiàng 录像	wòshì 卧室	dàigòu 代购	zhèngzhuàng 症状
tuìhuò 退货	shèngyàn 盛宴	tàolù 套路	jìmò 寂寞	jiànkè 剑客	nüèdài 虐待	kuàilè 快乐	huìhuà 绘画

（十八）阴平-阳平

qīrén qírén	hūhǎn húhǎn	zhī·dào zhídào	bāozi báozi
欺人—旗人	呼喊—胡喊	知道—直道	包子—雹子
dàguō dàguó	pāiqiú páiqiú	dàgē dàgé	chuānglián chuánglián
大锅—大国	拍球—排球	大哥—大格	窗帘—床帘
chōusī chóusī	xiǎowā xiǎowá	dàchuān dàchuán	kāichū kāichú
抽丝—愁思	小蛙—小娃	大川—大船	开初—开除
fàngqīng fàngqíng	mābù mábù	lièqiāng lièqiáng	xiānyú xiányú
放青—放晴	抹布—麻布	猎枪—列强	鲜鱼—咸鱼

（十九）阳平-上声

hǎomá hǎomǎ	tǔféi tǔfěi	zhànguó zhànguǒ	xiǎoqiáo xiǎoqiǎo
好麻—好马	土肥—土匪	战国—战果	小瞧—小巧
fǎnhuí fǎnhuǐ	lǎohú lǎohǔ	mùtóng mùtǒng	dàxué dàxuě
返回—反悔	老胡—老虎	牧童—木桶	大学—大雪
júhuā jǔhuā	zhíshéng zhǐshéng	báisè Bǎisè	yángyóu yǎngyóu
菊花—举花	直绳—纸绳	白色—百色	洋油—仰游
qínshì qǐnshì	qíngdiào qǐngdiào	qímǎ qǐmǎ	yóujǐng yǒujǐng
琴室—寝室	情调—请调	骑马—起码	油井—有井

（二十）阳平-去声

dàmá dàmà	xiǎogé xiǎogè	zhèngzhí zhèngzhì	fāchóu fāchòu
大麻—大骂	小格—小个	正直—政治	发愁—发臭
bùwá bùwà	dòuqí dòuqì	tóngqíng tóngqìng	jīngjí jīngjì
布娃—布袜	斗奇—斗气	同情—同庆	荆棘—经纪
cíwǎn cìwǎn	báijūn bàijūn	féiliào fèiliào	xiéyì xièyì
瓷碗—次碗	白军—败军	肥料—废料	协议—谢意
fánrén fànrén	qiánkuǎn qiànkuǎn	tángjiǔ tàngjiǔ	húkǒu hùkǒu
凡人—犯人	钱款—欠款	糖酒—烫酒	壶口—户口

（二十一）绕口令练习

任命和人名
任命是任命，人名是人名。任命不能说人名，人名不能说任命。

梨和栗
老罗拉了一车梨，老李拉了一车栗。老罗人称大力罗，老李人称李大力。老罗拉梨做梨酒，老李拉栗去换梨。

磨房磨墨
磨房磨墨，墨抹磨房一磨墨。小猫摸煤，煤飞小猫一毛煤。

妈妈骑马

妈妈骑马，马慢，妈妈骂马。舅舅搬鸠，鸠飞，舅舅揪鸠。姥姥喝酪，酪融，姥姥捞酪。妞妞哄牛，牛拗，妞妞拧牛。

老师和老史

老师老是叫老史去捞石，老史老是没有去捞石。老史老是骗老师，老师老是说老史不老实。

施氏食狮史

石室诗士施氏，嗜狮，誓食十狮。施氏时时适市视狮。十时，适十狮适市。是时，适施氏适市。施氏视是十狮，恃矢势，使是十狮逝世。氏拾是十狮尸，适石室。石室湿，氏使侍拭石室。石室拭，施氏始试食是十狮尸。食时，始识是十狮尸，实十石狮尸。试释是事。

第三节 入声字的声调

入声是古声调的一类，它的发音特点是带有塞音韵尾，使其发音时在韵尾部分气流受到阻塞，因此声音不能延长，听起来较为短促。如"宝塔"二字，在部分方言中"塔"的读音短促，不能拉长，"宝"的读音则可拉长，这是因为"宝"字不是入声字而"塔"字是入声字。古代的入声韵尾有［-p］、［-t］、［-k］三个塞音。有的方言还保留了这三个塞音韵尾，如粤话；有的方言只保留了个别韵尾，如赣语；有的方言则发生了韵尾的改变，如吴语。

入声在普通话中已不存在，而在各方言中入声归派的类型和方式较为复杂。以西南官话为例，其突出特点就在于大多数方言点的入声已经消失，且绝大部分与阳平调合流，这是与普通话"入派三声"有较大区别的。因此，西南官话区说普通话时大多数的声调错误也就集中在入声字上，且表现是误读为阳平。

以下是一些常用的入声字。

qī	bā	chū	fā	shī	yī	shā	yuē	chī	tū
七	八	出	发	失	一	杀	约	吃	秃
shū	guā	shuā	jǐ	zhuō	bō	niē	yā	tuō	miè
叔	刮	刷	脊	捉	剥	捏	鸭	脱	灭
guō	gē	jiē	qiā	kū	jī	jiē	gē	bī	shī
郭	鸽	接	掐	哭	积	揭	割	逼	湿
hēi	chā	dū	xiē	xī	tā	qī	zhāi	xī	chè
黑	插	督	歇	锡	塌	漆	摘	膝	澈
xiā	jī	xī	wū	mù	mù	lù	gǔ	ròu	lù
瞎	激	蟋	屋	木	目	禄	谷	肉	鹿
fù	sù	fù	yù	liù	suō	shū	mù	lǜ	tiě
腹	宿	复	育	六	缩	淑	沐	绿	铁

sù 速	zhù 祝	zhù 筑	fù 覆	pù 瀑	shǔ 属	lù 录	yù 狱	yù 欲	jiǎo 角
yuè 岳	lè 乐	pǔ 朴	què 确	mì 密	lǜ 律	wò 握	rè 热	liè 裂	dā 搭
zhì 质	rì 日	bǐ 笔	shì 室	shù 术	yǐ 乙	yì 逸	bì 毕	liè 烈	zhuō 拙
mì 蜜	pǐ 匹	xī 悉	bì 必	diē 跌	miè 蔑	qiè 窃	yuè 阅	liè 列	niè 聂
wù 物	qū 屈	yù 郁	yuè 月	gǔ 骨	fā 发	yuè 越	tū 突	hū 忽	yuè 粤
tū 凸	mò 末	mò 沫	kě 渴	bō 拨	kuò 括	pō 泼	zhè 浙	niè 蹑	dié 蝶
shā 刹	yào 药	è 恶	lüè 略	zuò 作	jiē 接	tiē 贴	yè 叶	tà 踏	sāi 塞
luò 落	ruò 若	jiǎo 脚	què 雀	luò 洛	suǒ 索	tuō 托	liè 劣	tǎ 塔	lì 立
xiāo 削	què 却	què 鹊	yào 钥	nüè 虐	lüè 掠	huò 获	kuò 廓	shuò 烁	huò 或
mò 莫	luò 骆	è 鳄	pò 魄	gè 各	liè 猎	mò 陌	kè 客	bái 白	cè 策
bì 碧	bì 璧	mài 麦	mài 脉	xī 夕	cè 册	chǐ 尺	nì 逆	bǎi 百	chè 彻
chì 赤	shì 适	yì 益	zhǎi 窄	xī 惜	pāi 拍	pò 迫	kè 克	cè 测	xī 熄
shuò 硕	bì 壁	lì 历	jī 击	jì 绩	dī 滴	qià 恰	zhī 织	tè 特	zè 仄
zhǎ 眨	rù 入	yā 压	yè 业	jiǎ 甲	fǎ 法	sè 色	lì 力	shè 设	mò 默
běi 北	cè 侧	kè 刻							

第四节　容易读错声调的词语

　　汉字中存在许多多音字，如果不理解音义之间的关系，很容易出错。另外，有时受方言的影响，也会把一些字词的声调读错。下面是一些常见的容易读错声调的词语。

áidǎ 挨打	biānfú 蝙蝠	bǐshǒu 匕首	cūcāo 粗糙	chǔlǐ 处理	chàngpiàn 唱片	chéngfá 惩罚	chuāngshāng 创伤
cuòzhé 挫折	dàibǔ 逮捕	dàngcì 档次	fúhé 符合	xuèyè 血液	qì·fēn 气氛	shāngāng 山冈	gòngrèn 供认
jiàohuì 教诲	jiànduàn 间断	yàzhōu 亚洲	dòngxué 洞穴	jiàoshì 教室	fànwén 梵文	fàláng 珐琅	fùzá 复杂
fùbù 腹部	jíjiāng 即将	jídù 嫉妒	bǐjiào 比较	qíjì 奇迹	gēnjīng 根茎	nèijiù 内疚	kuàngjià 框架
huālěi 花蕾	liáoluò 寥落	zōnglú 棕榈	lüèduó 掠夺	nínìng 泥泞	gānhé 干涸	yùhuì 与会	gòu·dàng 勾当
kānzǎi 刊载	xiàzài 下载	zhàokāi 召开	jǐnguǎn 尽管	qiànfū 纤夫	Lúnyǔ 论语	yīngjiè 应届	sūdá 苏打
zhuōliè 拙劣	xìjūn 细菌	qìngjia 亲家	hǎdá 哈达	jǔxíng 矩形	qiǎorán 悄然	tígōng 提供	qiáoshǒu 翘首
qiǎngpò 强迫	mánhèng 蛮横	dàoguàn 道观	diēdǎo 跌倒	pǐ·chái 劈柴	zhuóyuè 卓越	jǐ·liáng 脊梁	Zhèjiāng 浙江
qiánnéng 潜能	pēitāi 胚胎	piāoqiè 剽窃	pūkè 扑克	fānbù 帆布	piējiàn 瞥见	tāshi 踏实	zhīfáng 脂肪
zēngwù 憎恶	láodao 唠叨	qíqiú 祈求	rúdòng 蠕动	gǔsuǐ 骨髓	liàowàng 瞭望	yǒuyì 友谊	wéirào 围绕
shēngxiào 生肖	juéjiàng 倔强	yīn·wèi 因为	bēibǐ 卑鄙	mēnrè 闷热	chǎnmèi 谄媚	hànlián 颔联	zuōfang 作坊
zìtiè 字帖	guàipǐ 怪癖	páozhì 炮制	tóubèn 投奔	fēiwén 绯闻	huángguān 皇冠	tiáopí 调皮	fùhè 附和
Huàshān 华山	húndàn 混蛋	jūní 拘泥	nìngkě 宁可	fēngmǐ 风靡	zhēnbiān 针砭	chéngkè 乘客	cóngróng 从容
zhēnjiǔ 针灸	yāzhòu 压轴	yājiè 押解	hùnzhuó 混浊	shàoxī 稍息	yǎotiǎo 窈窕	zhēngjié 症结	

第四章 声母训练

第一节 普通话声母简介

普通话共有21个辅音声母。这些辅音声母根据发音部位可以分为双唇音、唇齿音、舌尖前音、舌尖中音、舌尖后音、舌面音、舌根音七类；根据发音方法则可以分为塞音、塞擦音、擦音、鼻音、边音五类，其中塞音和塞擦音又可分为送气和不送气二类。另外，有的音节开头没有辅音，如"爱""熬"等，这样的情况我们称为"零声母"，零声母也可以看作是声母的一种。关于普通话的声母，详见表4-1。

表4-1 普通话的声母总表

发音部位	发音方法					
	塞音		塞擦音		擦音	鼻音	边音
	清音		清音		清音	浊音	浊音	浊音
	不送气	送气	不送气	送气			
双唇音	b	p				m	
唇齿音					f		
舌尖前音			z	c	s		
舌尖中音	d	t				n	l
舌尖后音			zh	ch	sh	r	
舌面音			j	q	x		
舌根音	g	k			h		

一、双唇音

b：发音时，双唇闭合，软腭上升，堵塞鼻腔通路，声带不颤动，较弱的气流冲破双唇的阻碍，迸裂而出，爆发成音。

bēnbō	bǎibù	bǎo·bèi	bāobàn	bǎnběn	biāobīng	báibù	biànbié
奔波	摆布	宝贝	包办	版本	标兵	白布	辨别

31

bēibǐ　　　bōbào
卑鄙　　　播报

p：发音的状况与 b 相近，只是发 p 时除阻气流较强。

piānpáng　piānpì　pīpíng　pǐpèi　pǐnpái　pīnpán　péngpài　pīngpāng
偏旁　　　偏僻　　批评　　匹配　　品牌　　拼盘　　澎湃　　乒乓

pūpíng　pípa
铺平　　琵琶

m：发音时，双唇闭合，软腭下降堵住口腔通道，气流振动声带从鼻腔通过。

miànmào　máimò　màimiáo　méimù　mìmǎ　mùmín　mámù　míngmèi
面貌　　　埋没　　麦苗　　　眉目　　密码　　牧民　　麻木　　明媚

měimiào　miànmó
美妙　　　面膜

二、唇齿音

f：发音时，上齿接近下唇，形成窄缝，气流从唇齿间摩擦而出，声带不颤动。

fāngfǎ　fèifǔ　fēngfù　fēifán　fūfù　fènfā　fēnfāng　fǎnfù
方法　　肺腑　　丰富　　非凡　　夫妇　　奋发　　芬芳　　反复

fǎngfú　fángfàn
仿佛　　防范

三、舌尖前音

z：发音时，舌尖平伸，抵住上齿背，软腭上升，堵塞鼻腔通路，声带不颤动，较弱的气流把阻碍冲开一条窄缝，从窄缝中挤出，摩擦成音。

zǔzong　zǒngzé　zàngzú　zēngzǔ　zāzuǐ　zàozuo　zuìzé　zìzūn
祖宗　　总则　　藏族　　曾祖　　咂嘴　　造作　　罪责　　自尊

zǎozi　zòngzi
枣子　　粽子

c：和 z 的发音区别不大，只是除阻时气流较强。

céngcì　cāngcuì　cuīcù　cǎocóng　cǐcì　cūcāo　cēncī　cāicè
层次　　苍翠　　　催促　　草丛　　　此次　　粗糙　　参差　　猜测

cuòcí　cūcí
措辞　　粗瓷

s：发音时，舌尖接近上齿背。气流从窄缝中挤出，摩擦成音，声带不颤动。

sèsù　suǒsuì　sīsuǒ　sùsòng　sōusuǒ　sōngsǎn　sìsuì　sùsuàn
色素　　琐碎　　思索　　诉讼　　搜索　　松散　　四岁　　速算

sèsuō　sòngsǐ
瑟缩　　送死

四、舌尖中音

d：发音时，舌尖抵住上齿龈，软腭上升，堵塞鼻腔通路，声带不颤动，较弱的气流冲破舌尖的阻碍，迸裂而出，爆发成音。

dàdì	diàndēng	dāngdài	dǎodàn	dìdiǎn	dāndiào	dàodé	děngdài
大地	电灯	当代	导弹	地点	单调	道德	等待

diàndìng	dàndìng
奠定	淡定

t：发音的状况与 d 相近，只是除阻时气流较强。

tuántǐ	tiětǎ	tiāntáng	tàntǎo	tāotiè	táotài	tǎntè	tǐtiē
团体	铁塔	天堂	探讨	饕餮	淘汰	忐忑	体贴

tāntú	tuītuō
贪图	推脱

n：发音时，舌尖抵住上齿龈，软腭下降，打开鼻腔通路，气流振动声带，从鼻腔通过。

niúnǎi	Nánníng	nánnǚ	nǎonù	nǎiniáng	nóngnú	nínìng	néngnai
牛奶	南宁	男女	恼怒	奶娘	农奴	泥泞	能耐

niǎonuó	niǔnie
袅娜	扭捏

l：发音时，舌尖抵住上齿龈，软腭上升，堵塞鼻腔通路，气流振动声带，从舌头两边通过。

lǐlùn	liúlì	liáoliàng	lǎoliàn	liáoluò	lúnliú	liánlei	lālǒng
理论	流利	嘹亮	老练	寥落	轮流	连累	拉拢

láilì	lǚlüè
来历	掳掠

五、舌尖后音

zh：发音时，舌尖上翘，抵住硬腭前部，软腭上升，堵塞鼻腔通路，声带不颤动。较弱的气流把阻碍冲开一条窄缝，从窄缝中挤出，摩擦成音。

zhèngzhí	zhuózhuàng	zhèngzhì	zhāozhǎn	zhǐzhāng	zhǔzhāng	zhùzhái	zhǎnzhuǎn
正直	茁壮	政治	招展	纸张	主张	住宅	辗转

ch：发音的状况与 zh 相近，只是除阻时气流较强。

chēchuáng	Chángchéng	chíchěng	chūchǎn	chóuchú	chūchāi	chōngchì	chāochǎn
车床	长城	驰骋	出产	踌躇	出差	充斥	超产

chāichú
拆除

sh：发音时，舌尖上翘接近硬腭前部，软腭上升，堵住鼻腔通道，留出窄缝，气流从

缝间挤出，摩擦成声，声带不颤动。

shēnshì	shānshuǐ	shēngshū	shàngshēng	shuòshì	shìshí	shīshě	shūshì
身世	山水	生疏	上升	硕士	事实	施舍	舒适

shùshuō
述说

r：发音状况与 sh 相近，只是声带颤动（也有人认为这是一个通音）。

róuruǎn	réngrán	rěnràng	rěnrǎn	rúrǎn	róngrěn	rúruò	róurèn
柔软	仍然	忍让	荏苒	濡染	容忍	如若	柔韧

rǎorǎng	ruǎnruò
扰攘	软弱

六、舌面音

j：发音时，舌面前部抵住硬腭前部，软腭上升堵塞鼻腔通路，声带不颤动，较弱的气流把阻碍冲开，形成一条窄缝，气流从窄缝中挤出，摩擦成音。

jīngjì	jiējìn	jiějué	jíjiāng	jiějie	jùjué	jiūjìng	jièjiàn
经济	接近	解决	即将	姐姐	拒绝	究竟	借鉴

jiājǐn	jījí
加紧	积极

q：发音的状况与和 j 相近，只是气流较强。

qìqiú	qīnqiè	qiánqī	qiūqiān	qīqiao	qīngquán	qièqǔ	qiàqiǎo
气球	亲切	前期	秋千	蹊跷	清泉	窃取	恰巧

qiǎngqiú	quánquán
强求	全权

x：发音时，舌面前部接近硬腭前部，留出窄缝，软腭上升，堵塞鼻腔通路，声带不颤动，气流从窄缝中挤出，摩擦成音。

xuéxí	xíngxiàng	xìnxī	xiànxíng	xiànxià	xiěxìn	xiūxián	xūxīn
学习	形象	信息	现行	线下	写信	休闲	虚心

xiāngxià	xiūxi
乡下	休息

七、舌根音

g：发音时，舌根抵住软腭，软腭后部上升，堵塞鼻腔通路，声带不颤动，较弱的气流冲破舌根的阻碍，爆发成音。

gǎigé	gǒnggù	gāngguǎn	gāogē	gēge	gànggǎn	gèguó	gāngguǐ
改革	巩固	钢管	高歌	哥哥	杠杆	各国	钢轨

guòguān　gōnggòng
过关　　公共

k：发音的状况与 g 相近，只是除阻时气流较强。

kěkào　　kāikǒu　　kèkǔ　　kāikuò　　kēkè　　kuānkuò　　kǎnkě　　kāngkǎi
可靠　　　开口　　　刻苦　　开阔　　　苛刻　　宽阔　　　坎坷　　慷慨

kǒukě　　kuīkōng
口渴　　　亏空

h：发音时，舌根接近软腭，留出窄缝，软腭上升，堵塞鼻腔通路，声带不颤动，气流从窄缝中挤出，摩擦成音。

héhǎo　　huīhuáng　　Huánghé　　háohuá　　hòuhuǐ　　huāhuì　　huānhū　　huánghūn
和好　　　辉煌　　　　黄河　　　豪华　　　后悔　　　花卉　　　欢呼　　　黄昏

huǒhuā　　hùnhé
火花　　　混合

第二节　普通话声母辨正

一、zh、ch、sh 与 z、c、s 辨正训练

（一）问题分析

zh、ch、sh（翘舌音）与 z、c、s（平舌音）两组声母不分的情况，在很多南方方言如吴方言、闽方言、客家话、粤方言中，以及北方方言的东北官话、西北官话、江淮官话、西南官话中均有所表现。主要表现为缺少翘舌音，将 zh、ch、sh 读作 z、c、s，如"指示"读为"子嗣"、"产生"读为"惨僧"；还有部分地区则读成了舌面音 j、q、x 或舌叶音〔ʧ、ʧʰ、ʃ〕。

（二）辨正要领

zh、ch、sh 与 z、c、s 的区别，主要在于发音部位的不同，"zh、ch、sh"是一组舌尖后音，由舌尖和硬腭前端构成阻碍；"z、c、s"是一组舌尖前音，由舌尖和上齿背构成阻碍。关于 zh、ch、sh 与 z、c、s 发音部位的不同，详见图 4-1。

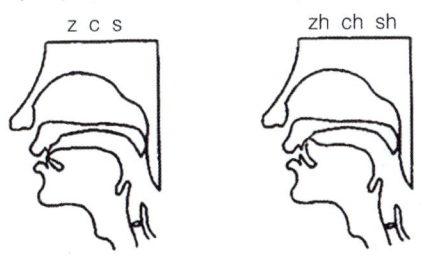

图 4-1　平翘舌发音舌位图

要分清并发准平翘舌，要注意以下三点。

（1）找准发音位置。发翘舌音 zh、ch、sh 时，舌尖往上翘，接近或接触硬腭前端；发平舌音 z、c、s 时，舌尖抵住上齿背，舌尖平伸。

（2）发翘舌音 zh、ch、sh 时，舌位不能过于靠前，也不能过于靠后。过于靠前，将舌尖放到上齿龈也就是舌尖中音 d、t、n、l 的位置，发出来的音即所谓的"轻度翘舌"，是不标准的；过于靠后，舌尖过于后卷，或是接触硬腭的面积过大，则会使语音较为生硬，有"大舌头"之感。

（3）记住哪些字是平舌音，哪些字是翘舌音。

①利用普通话音节结构规律来记。

韵母 ong 不能和声母 sh 相拼，因此"宋""送""松"等一定是平舌音而非翘舌音。

韵母 ua、uai、uang 不能和声母 z、c、s 相拼，因此"刷""揣""庄"等的声母一定是翘舌而非平舌。

②利用古今语音演变规律来记。

普通话声母是翘舌音 zh、ch、sh 的字有一部分在上古音的声母相当于今天的舌尖中音 d、t。在上古声母系统中，只有"端、透、定、泥"这组声母，没有"知、彻、澄、娘"这组声母，舌上音声母是后来从舌头音这组声母中分化出来的，也就是说，zh、ch、sh 这类声母，上古读 d、t，因此可以根据形声字的声旁来辨别声母是平舌还是翘舌。比如"蛇 shé"的声旁是"它"，"滞 zhì"的声旁是"带"，都从声旁 d、t 而得，所以它们的声母一定是翘舌音而非平舌音。从另外一个角度看，我们也可以从字音来看声旁的读音，比如"凋 diāo"的声旁是"周"，"涛 tāo"的声旁是"寿"，这两个声旁在今天普通话中的读音已经不再是声母 d、t，但因为"周"和"寿"是"凋"和"涛"的声旁，说明在古代它们的读音是相似的，与上一条规律联系起来，可知"周"和"寿"的声母应该是翘舌音 zh、sh，而非平舌音 z、s。

③利用形声字来记。

形声字的声旁具有类推读音的作用。如：

章 zhāng——彰 zhāng　障 zhàng　樟 zhāng　獐 zhāng

成 chéng——城 chéng　诚 chéng

生 shēng——胜 shèng　笙 shēng　牲 shēng　甥 shēng　甥 shēng

子 zǐ——字 zì　仔 zǐ　籽 zǐ

才 cái——财 cái　材 cái

斯 sī——撕 sī　嘶 sī　厮 sī

（三）辨正训练

1. z—zh

zī—zhī	zá—zhá	zé—zhé	zǔ—zhǔ	zài—zhài
资—之	砸—闸	责—哲	组—主	再—债
zàn—zhàn	zāng—zhāng	záo—zháo	zè—zhè	zěn—zhěn
赞—站	脏—张	凿—着	仄—这	怎—枕

zēng—zhēng	zú—zhú	zuān—zhuān	zuì—zhuì	zuó—zhuó
曾—蒸	足—竹	钻—砖	最—坠	昨—浊
zìlǐ—zhìlǐ	zànshí—zhànshí	zǔlì—zhǔlì	zǒngzhàng—zhǒngzhàng	
自理—治理	暂时—战时	阻力—主力	总账—肿胀	
zìdòng—zhìdòng	zàngē—zhàngē	zēngguāng—zhēngguāng	zèngpǐn—zhèngpǐn	
自动—制动	赞歌—战歌	增光—争光	赠品—正品	
zāihuā—zhāihuā	zuānyíng—zhuānyíng	zōngzhǐ—zhōngzhǐ	zàojiù—zhàojiù	
栽花—摘花	钻营—专营	宗旨—终止	造就—照旧	

zázhì	zǔzhī	zūnzhòng	zìzhì	zǔzhǎng	zīzhù	zuìzhōng	zuòzhě
杂志	组织	尊重	自制	组长	资助	最终	作者
zǔzhǐ	zàizhí	zǐzhú	zuòzhěn	zuòzhèng	zēngzhǎng	zòuzhāng	zìzhǔ
阻止	在职	紫竹	坐诊	作证	增长	奏章	自主
zhízé	zhèngzōng	zhuīzōng	zhùzuò	zhìzuò	zhǔnzé	zhīzú	zhuōzi
职责	正宗	追踪	著作	制作	准则	知足	桌子
Zhuàngzú	zhuīzé	zhāngzuǐ	zhuōzéi	zhǔzǎi	zhūzōng	zhòngzuì	zhùzào
壮族	追责	张嘴	捉贼	主宰	猪鬃	重罪	铸造

zhòngzhōngzhīzhòng	zhuōzéizhuōzāng	zìzuòzhǔzhāng
重中之重	捉贼捉赃	自作主张

2. c—ch

cā—chā	cái—chái	cǎn—chǎn	cáo—cháo	cè—chè
擦—插	才—柴	惨—产	曹—巢	测—彻
cén—chén	cí—chí	cóng—chóng	còu—chòu	cū—chū
岑—陈	词—迟	从—虫	凑—臭	粗—出
cuān—chuān	cuī—chuī	cún—chún	cuò—chuò	céng—chéng
蹿—穿	崔—吹	存—纯	错—辍	层—城
cūbù—chūbù	yúcì—yúchì	xiǎocǎo—xiǎochǎo	tuīcí—tuīchí	
粗布—初步	鱼刺—鱼翅	小草—小炒	推辞—推迟	
cāchē—chāchē	mùcái—mùchái	luàncǎo—luànchǎo	cūnzhuāng—chūnzhuāng	
擦车—叉车	木材—木柴	乱草—乱炒	村庄—春装	
cónglái—chónglái	xiāngcūn—xiāngchūn	cǎndàn—chǎndàn	cāshǒu—chāshǒu	
从来—重来	乡村—香椿	惨淡—产蛋	擦手—插手	

cáichǎn	cúnchǔ	cǐchù	cāochǎng	cùchéng	cíchǎng	cānchē	cuóchuāng
财产	存储	此处	操场	促成	磁场	餐车	痤疮
cǎichá	cǎichāo	càichǎng	cāngchǔ	chūchǎng	cānchú	cǎochǎng	cíchéng
采茶	彩超	菜场	仓储	出场	餐厨	草场	辞呈

chīcù	chūcuò	chōngcì	chūcì	chuāncài	chóngcǎo	chūncán	chuǎicè
吃醋	出错	冲刺	初次	川菜	虫草	春蚕	揣测
chǐcùn	chǎocài	chéncù	chéngcái	chúcǎo	chúncuì	chóucuò	chuāncì
尺寸	炒菜	陈醋	成材	除草	纯粹	筹措	穿刺

3. s—sh

sǎ—shǎ	sài—shài	sān—shān	sàng—shàng	sǎo—shǎo
洒—傻	赛—晒	三—山	丧—尚	嫂—少
sè—shè	sēn—shēn	sēng—shēng	sǐ—shǐ	sōu—shōu
色—社	森—身	僧—生	死—使	搜—收
sù—shù	suān—shuān	suǐ—shuǐ	sǔn—shǔn	suō—shuō
素—数	酸—栓	髓—水	损—吮	缩—说
sānjiǎo—shānjiǎo	sàngshēng—shàngshēng	shēnsù—shēnshù	sùlì—shùlì
三角—山脚	丧生—上升	申诉—申述	肃立—树立
sōují—shōují	sāngyè—shāngyè	sīzhǎng—shīzhǎng	sǎnguāng—shǎnguāng
搜集—收集	桑叶—商业	司长—师长	散光—闪光
sāizi—shāizi	sīrén—shīrén	sìshí—shìshí	gānsè—gānshè
塞子—筛子	私人—诗人	四十—事实	干涩—干涉

sōngshù	sìshēng	sàngshēng	suíshí	suǒshǔ	sùshè	sǔnshī	sōngshǔ
松树	四声	丧生	随时	所属	宿舍	损失	松鼠
sàngshī	suíshēn	sāngshù	suǒshì	sōushēn	sàishì	suànshù	sīshì
丧失	随身	桑树	琐事	搜身	赛事	算术	私事
shìsú	shōusuō	shàosuǒ	shūshì	shūsòng	shāsēng	shèngsù	shèngsì
世俗	收缩	哨所	舒适	输送	沙僧	胜诉	胜似
shēnsè	shēnsuō	shūsàn	shǒusuì	shàngsi	shàngsù	shǒusù	shīsuàn
深色	伸缩	疏散	守岁	上司	上诉	手速	失算
shǒushùshì	sānsìshí	shuòshìshēng	Shíshīshì	sānshísuì
---	---	---	---	---
手术室	三四十	硕士生	石狮市	三十岁
shénshèshǒu	shēnsùshū
神射手	申诉书

（四）综合练习

1. 绕口令练习

数狮子

公园有四排石狮子，每排是十四只大石狮子，每只大石狮子背上是一只小石狮子，每只大石狮子脚边是四小石狮子。史老师领四十四个学生去数石狮子，你说共数出多少只大石狮子和多少只小石狮子？

撕字纸

隔着窗子撕字纸，一撕横字纸，再撕竖字纸，撕了四十四张湿字纸。

招租

早招租，晚招租，总找周邹郑曾朱。

三月三

三月三，小三去登山。上山又下山，下山又上山。登了三次山，跑了三里三。出了一身汗，湿了三件衫。小三山上大声喊，离天只有三尺三！

2. 诗歌练习

从前慢

——木心

记得早先少年时，
大家诚诚恳恳，
说一句，是一句。
清早上火车站，
长街黑暗无行人，
卖豆浆的小店冒着热气。
从前的日色变得慢，
车，马，邮件都慢，
一生只够爱一个人。
从前的锁也好看，
钥匙精美有样子，
你锁了，人家就懂了。

二、n—l 辨正训练

（一）问题分析

普通话中的 n 和 l 是一组对立的音位，分得很清楚，但是北方方言中的西南官话、江淮官话和西北方言的部分地区，以及南方方言中的湘方言、赣方言、闽方言、粤方言等部分地区是 n 和 l 不分的。有些地方只有鼻音"n"而没有边音"l"，会把"流量"读成"牛酿"，比如长沙话；有些地方只有边音"l"没有鼻音"n"，会把"男女"读成"褴褛"，比如南昌话；还有些地方则是鼻边音混读，比如"牛奶"可能会读成"niúlǎi"或者"liúnǎi"等；还有部分地区则是与齐齿呼、撮口呼相拼时区分，与开口呼、合口呼相拼时混淆。由于这两个音的发音部位相同，都是舌尖中音，而且声带都要颤动，容易混淆，所以对于这些 n、l 不分的方言区来说，鼻边音的学习有一定困难。首先要读准 n 和 l，然后要知道哪些字的声母是 n，哪些字的声母是 l，这需要有个记忆过程。

（二）辨正要领

n 发音时，舌尖抵住上齿龈，软腭下降，打开鼻腔通路，气流振动声带，从鼻腔通过。如"能耐""泥泞"的声母。

l 发音时，舌尖抵住上齿龈，软腭上升，堵塞鼻腔通路，气流振动声带，从舌头两边通过。如"玲珑""嘹亮"的声母。

关于 n 与 l 发音的不同，详见图 4-2、图 4-3。

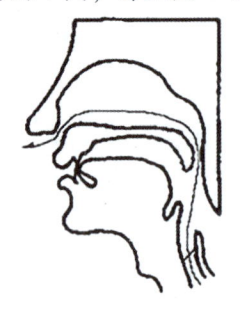

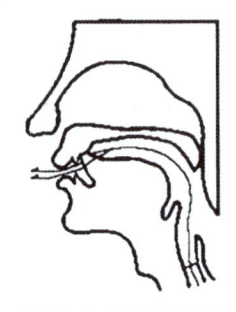

图 4-2　n 的发音图　　　　图 4-3　l 的发音图

由图 4-2、图 4-3 我们可以看出，这组音的主要区别在于"n"发音时气流是从鼻腔里呼出的，所以称为"鼻音"，而"l"在发音时气流是从口腔中舌头的两边呼出的，所以称为"边音"。决定气流从口腔还是从鼻腔呼出的关键在软腭，如果软腭上挺堵住鼻腔通道，发出来的是边音；如果软腭下降堵住口腔通道，发出来的则是鼻音。要辨别这两个发音通道，可以用捏住鼻子的方法进行测试：捏住鼻子能发音的是 l，不能发的是 n。想要发准这两个音，可以从以下方法入手。

1. "n"的训练方法

首先，可以采用引导发音的方法，在发"n"时，找一个前鼻韵母的音节，读的时候把韵尾"n"拉长，以便发出之后的"n"，如 an→n，en→n，in→n。

其次，发"n"作声母的音节时，可以在这个音节前面陪衬一个用 n 收尾的音节，两个音节连读，有利于发出后一个音节的声母"n"，如：

kùnnan　　Nánníng　　niánnèi　　wēnnuǎn
困难　　　南宁　　　　年内　　　温暖

2. "l"的训练方法

从普通话测试结果来看，在鼻边音不分的方言区，边音 l 的辨正教学一直是难点、弱点。

l 的发音状态为：舌尖抵住上齿龈，舌的前半部分下凹，舌的两侧与上腭保持适度的距离，软腭上升，封闭鼻腔通道，声带振动，气流从舌的两侧泄出口外。在这个发音过程中，软腭提升、堵塞鼻腔通道是最重要的一环。我们可以采用以下方法进行训练：

（1）挺软腭。从单元音 a、o、u 发音中体会软腭上挺的状态。

（2）发音部位前移。l 声母的成阻部位可由舌尖—上齿龈前移为舌尖—上齿背，甚至舌尖—齿间。

（3）舌两边向纵中部位收缩，口腔略开大，破坏舌前部与上齿龈成阻形成鼻音的条件。

（4）纯口音发音后加速加 l 声母，如：a—a—la。

(三) 如何记住 n、l 声母字

1. 利用声韵配合规律

n 一般不与韵母 in 相拼（您 nín 是一个例外），所以与 in 相拼的多为 l 声母，如：

lin——林 lín　霖 lín　琳 lín　临 lín　麟 lín　淋 lín　邻 lín　磷 lín　拎 līn　凛 lǐn　蔺 lìn
鳞 lín　吝 lìn　赁 lìn　廪 lǐn

n 一般不与韵母 uen、ou 相拼（耨 nòu 糯 nòu 是例外），所以与 uen、ou 相拼的多为 l 声母，如：

lun——论 lùn　伦 lún　轮 lún　仑 lún　纶 lún　抡 lún/lūn　沦 lún　囵 lún
lou——楼 lóu　漏 lòu　露 lòu　娄 lóu　搂 lōu/lǒu　陋 lòu　瘘 lòu　镂 lòu　髅 lóu

2. 利用形声字类推

例如：
农 nóng——脓 nóng　浓 nóng　侬 nóng　哝 nóng
龙 lóng——笼 lóng/lǒng　陇 lǒng　拢 lǒng　珑 lóng　聋 lóng　垄 lǒng　胧 lóng

（四）辨正训练

1. n

ná	nán	náng	nào	nè	nèi	nèn	néng	nǐ	nián
拿	男	囊	闹	讷	内	嫩	能	你	年
niáng	niǎo	niē	nín	níng	niú	nòng	nú	nǚ	nuǎn
娘	鸟	捏	您	宁	牛	弄	奴	女	暖
niánnèi	Nánníng	nánnǚ	néngnai	niǔní	niúnǎi	nínào	nānnān		
年内	南宁	男女	能耐	忸怩	牛奶	泥淖	囡囡		
nǎinai	niúnán	nǎiniáng	nínán	nínìng	nániē	niǎoniǎo	nóngnú		
奶奶	牛腩	奶娘	呢喃	泥泞	拿捏	袅袅	农奴		

2. l

lā	lái	làn	láng	lǎo	lè	lèi	lěng	lǐ	liǎ
拉	来	烂	狼	老	乐	累	冷	李	俩
liàn	liàng	liáo	liè	lín	líng	liù	lóng	lóu	lù
练	亮	聊	列	林	玲	六	龙	楼	录
lǚ	luàn	lüè	lún	luó					
屡	乱	略	轮	罗					
liúliàng	liáoluò	lánlǚ	lǔlüè	lǐnliè	lǐlùn	liúlǎn	liúlàng		
流量	寥落	褴褛	掳掠	凛冽	理论	浏览	流浪		
liánluò	lìlǜ	liúlián	lúnliú	lāliàn	lǎolao	láilín	luóliè		
联络	利率	榴梿	轮流	拉链	姥姥	来临	罗列		
línglì	liúlí	liúlì	liúlèi	liùlóu	lǐliáo	láolèi	luǒlù		
伶俐	琉璃	流利	流泪	六楼	理疗	劳累	裸露		

3. n—l

nǔkè lǔkè	nánnǚ lánlǚ	Hénán Hélán	wúnài wúlài
女客—旅客	男女—褴褛	河南—荷兰	无奈—无赖
shuǐniú shuǐliú	nánkù lánkù	nǎozi lǎozi	liányè niányè
水牛—水流	男裤—蓝裤	脑子—老子	连夜—黏液
liúniàn liúliàn	nóngzhòng lóngzhòng	nánbù lánbù	lànní lànlí
留念—留恋	浓重—隆重	南部—蓝布	烂泥—烂梨
niúhuáng liúhuáng	dàniáng dàliáng	nánzhù lánzhù	níba líba
牛黄—硫磺	大娘—大梁	难住—拦住	泥巴—篱笆

4. n+l

nǎ·lǐ	nǔlì	nénglì	niánlíng	néngliàng	nílóng	nónglì	núlì
哪里	努力	能力	年龄	能量	尼龙	农历	奴隶
nǎilào	nàilì	nìliú	nǎolì	niúláng	nèilù	nǚláng	nàiláo
奶酪	耐力	逆流	脑力	牛郎	内陆	女郎	耐劳
nèiliǎn	nàolíng	nánlán	niǎolèi	nóngliè	níngliàn	niánlún	nèilǐ
内敛	闹铃	男篮	鸟类	浓烈	凝练	年轮	内里

5. l+n

liǎngnián	lǐniàn	Liáoníng	lǎonián	lìnián	láinián	liúniàn	lǎoniú
两年	理念	辽宁	老年	历年	来年	留念	老牛
lǐngnán	lěngnuǎn	lǎonà	Lièníng	lànní	liánnián	lú'nèi	luònàn
岭南	冷暖	老衲	列宁	烂泥	连年	颅内	落难
liàngnǚ	liǎngnán	luànnòng	línàn	liúnián	lǎonóng		
靓女	两难	乱弄	罹难	流年	老农		

(五) 综合练习

1. 绕口令练习

老龙闹老农

老龙恼怒闹老农,老农怒恼闹老龙,农怒龙恼农更怒,龙恼农怒龙怕农。

兰兰和南南

南南家种兰花,兰兰家种南瓜。南南要用兰花换兰兰家的南瓜,兰兰不愿用南瓜换南南家的兰花。

男女和褴褛

男旅客拎着蓝领男雨衣,女旅客拿着绿领女雨衣。男旅客说女旅客的绿领女雨衣衣衫褴褛,女旅客说男旅客的蓝领男雨衣衣衫褴褛。说理不说你,说你不说理。花花绿绿很美丽,男男女女蓝蓝绿绿哪里有什么褴褛不褴褛。

牛郎恋刘娘

牛郎恋刘娘，刘娘念牛郎。牛郎年年恋刘娘，刘娘连连念牛郎。恋娘恋娘，念郎念郎，郎念娘来娘念郎。

拉两辆留两辆

刘奶奶对李姥姥说，南门有四辆四轮大马车，你可以拉两辆，留两辆，爱拉哪两辆就拉哪两辆，爱留哪两辆就留哪两辆。

2. 短文练习

牛肉

我一辈子没有吃过昆明那样好的牛肉。

昆明的牛肉馆的特别处是只卖牛肉一样，——外带米饭、酒，不卖别的菜肴。这样的牛肉馆，据我所知，有三家。有一家在大西门外凤翥街，因为离西南联大很近，我们常去。我是由这家"学会"吃牛肉的。一家在小东门。而以小西门外马家牛肉馆为最大。……还有几种牛身上的特别部位，也分开卖。却都有代用的别名，不"会"吃的人听不懂，不知道这是什么东西。如牛肚叫"领肝"，牛舌叫"撩青"。很多地方卖舌头都讳言"舌"字，因为"舌"与"蚀"同音。无锡陆稿荐卖猪舌改叫"赚头"。广东饭馆把牛舌叫"牛月利"，其实本是"牛利"，只是加了一肉月偏旁，以示这是肉食。这都是反"蚀"之意而用之，讨个吉利。把舌头叫成"撩青"，别处没有听说过。稍想一下，是有道理的。牛吃青草，都是用舌头撩进嘴里的。这一别称很形象，但是太费解了。牛肉馆还有牛大筋卖。我有一次同一个女同学去吃马家牛肉馆，她问我："这是什么？"我实在不好回答。我在昆明吃过不少次牛大筋，只是因为它好吃，不是为了壮阳。"领肝""撩青""大筋"都是带汤的。牛肉馆不卖炒菜。上牛肉馆其实主要是来喝汤的，——汤好。

昆明牛肉馆用的牛都是小黄牛，老牛、废牛是不用的。

吃一次牛肉馆是花不了多少钱的，比一般小饭馆便宜，也好吃，实惠。

马家牛肉馆常有人托一搪瓷茶盘来卖小菜，藠头、腌蒜、腌姜、糟辣椒……有七八样。两三分钱即可买一小碟，极开胃。

马家牛肉店不知还有没有？如果没有了，就太可惜了。

昆明还有牛干巴，乃将牛肉切成长条，腌制晾干。小饭馆有炒牛干巴卖。这东西据说生吃也行。马锅头上路，总要带牛干巴，用刀削成薄片，酒饭均宜。

——节选自汪曾祺《昆明菜》

三、f—h 辨正训练

（一）问题分析

湘方言、客家方言、闽方言、粤方言中大都存在不能区分 f 与 h 的情况，如把"飞"读成"灰"、"福"读成"胡"等。

北方方言中的江淮官话和西南官话也存在 f 和 h 混读的现象，比如云南方言就有把"老虎"读成"老辅"的情况。

（二）辨正要领

f 和 h 分辨起来相对较为简单，它们都是清擦音，不同之处在于 f 的发音部位是唇齿，发音时上齿接近下唇，气流从唇齿之间摩擦呼出。h 的发音部位是舌根，发音时舌根抬起接近软腭，气流从舌根与软腭之间摩擦呼出。

（三）如何记住 f、h 声母字

1. 利用声韵配合规律

普通话中，f 只和开口呼韵母（不是 i、u、ü，也不是以 i、u、ü 开头的韵母）以及 u 相拼，也就是说，没有"f+u+其他"这样的音节。而 f-h 构成的偏误中，相当一部分是将"f+X"的音节读成"h+u+X"，比如"房 fáng"读成"黄 huáng"、"飞 fēi"读成"灰 huī"等。所以，当我们辨识 f-h 这组偏误时，从"h+合口呼"即"hu-"这样的音节入手，更为准确和有效。

2. 利用形声字

例如：

夫 fū——扶 fú　芙 fú　麸 fū　蚨 fú　呋 fū

胡 hú——湖 hú　糊 hū/hú/hù　蝴 hú　瑚 hú　葫 hú　煳 hú　醐 hú　猢 hú

（四）辨正训练

1. f

fā	fá	fǎ	fà	fān	fán	fǎn	fàn	fāng	fáng
发	罚	法	发	翻	烦	反	饭	方	房
fǎng	fàng	fēi	féi	fěi	fèi	fēn	fén	fěn	fèn
仿	放	飞	肥	匪	废	分	焚	粉	粪
fēng	féng	fěng	fèng	fó	fǒu	fū	fú	fǔ	fù
风	冯	讽	凤	佛	否	孵	福	辅	富
fāngfǎ	fēngfù	fángfàn	fǎngfú	fūfù	fāfàng	fǎnfù	fófǎ		
方法	丰富	防范	仿佛	夫妇	发放	反复	佛法		
fēnfā	fēnfù	fēifǎ	fùfā	fēnfēn	fángfǔ	fángfèi	fēnfēi		
分发	吩咐	非法	复发	纷纷	防腐	房费	纷飞		
fāfú	fàngfēi	fènfā	fǎnfāng	fèifǔ	fángfēng	fēngfàn	fēngfān		
发福	放飞	奋发	反方	肺腑	防风	风范	风帆		

2. h

hā	há	hǎ	hāi	hái	hǎi	hài	hān	hán	hǎn
哈	蛤	哈	嗨	还	海	害	憨	含	喊
hàn	hāng	háng	hàng	hāo	háo	hǎo	hào	hē	hé
汗	夯	航	巷	蒿	豪	好	浩	喝	何
hè	hēi	hén	hěn	hèn	hēng	héng	hèng	hōng	hóng
鹤	黑	痕	很	恨	哼	恒	横	烘	红
hǒng	hòng	hōu	hóu	hǒu	hòu	hū	hú	hǔ	hù
哄	讧	齁	喉	吼	后	呼	胡	虎	户

huā 花	huá 划	huà 画	huái 怀	huài 坏	huān 欢	huán 还	huǎn 缓	huàn 幻	huāng 慌
huáng 黄	huàng 晃	huī 灰	huí 回	huǐ 悔	hūn 婚	hún 魂	hùn 混	huō 豁	huó 活
huǒ 火	huò 或								

hòuhuǐ 后悔	hùnhé 混合	hǎihán 海涵	huíhuà 回话	háohuá 豪华	huànhuò 换货	héhuǒ 合伙	huàhuà 画画
héhuā 荷花	hùhuàn 互换	huòhào 货号	huīhuáng 辉煌	huíhé 回合	Huánghé 黄河	hǎohuài 好坏	hēhù 呵护
héhǎo 和好	huòhai 祸害	huánghòu 皇后	huāhuì 花卉	hànhuà 汉化			

3. f+h

fāhuò 发货	fúhé 符合	fāhuī 发挥	fǎnhuí 返回	fèihuà 废话	fènghuáng 凤凰	fúhào 符号	fànhé 饭盒
fànghuǎn 放缓	fénghé 缝合	fēnghòu 丰厚	fǎnhuǐ 反悔	fánghuá 防滑	fùhè 附和	fùhuó 复活	fùhé 复核
fùháo 富豪	fūhuà 孵化	fēnghuá 风华	fěnhóng 粉红	fánghóng 防洪			

4. h+f

hùnfǎng 混纺	hūnfáng 婚房	huífǎng 回访	huífù 回复	huīfù 恢复	huàfēn 划分	Héféi 合肥	huàfèi 话费
huāfèi 花费	héfǎ 合法	hùfū 护肤	héfàn 盒饭	hànfú 汉服	huìfèi 会费	huàféi 化肥	hòufāng 后方
huángfēng 黄蜂	huāngfèi 荒废	hēifà 黑发	huīfā 挥发	huāfěn 花粉			

5. f—h

fāngdì huāngdì 方地—荒地	fángchóng huángchóng 防虫—蝗虫	fángzhǐ huángzhǐ 防止—黄纸	fǎngfú huǎng·hū 仿佛—恍惚
gōngfèi gōnghuì 工费—工会	fènzhàn hùnzhàn 奋战—混战	fēijī huījī 飞机—灰鸡	fùzhù hùzhù 附注—互助
fùyuán hùyuán 复原—互援	húli fúlì 狐狸—福利	fāngyuán huāngyuán 方圆—荒原	huìwù fèiwù 会晤—废物

45

（五）综合练习

红饭碗和黄饭碗

红饭碗，黄饭碗，红饭碗盛满饭碗，黄饭碗盛半饭碗，黄饭碗添半饭碗，就像红饭碗一样满饭碗。

发废话会花话费

发废话会花话费，回发废话话费花，发废话花费话费会后悔，回发废话会费话费，花费话费回发废话会耗费话费。

三凤

笼子里有三凤，黄凤红凤粉红凤。忽然黄凤啄红凤，红凤反嘴啄黄凤，粉红凤帮啄黄凤。你说是红凤啄黄凤，还是黄凤啄红凤。

买混纺

丰丰和芳芳，上街买混纺。红混纺，粉混纺，黄混纺，灰混纺。红花混纺做裙子，粉花混纺做衣裳。穿上衣裳多漂亮，丰丰芳芳喜洋洋。

学理化和学理发

我们要学理化，他们要学理发。理化不是理发，理发不是理化。学会理化不会理发，学会理发不会理化。

化肥会挥发

黑化肥发灰，灰化肥发黑。黑化肥发灰会挥发，灰化肥发挥会发黑。黑化肥挥发发灰会挥发，灰化肥挥发发黑会发挥。

四、j、q、x 与 z、c、s 辨正训练

（一）问题分析

j、q、x 是一组舌面音，但是有一些人把"j、q、x"读得很像"z、c、s"，把"谢谢"读成"siesie"、"请假"读成"cingzia"。一些方言区分尖团音，这些方言区既有 z、c、s 与 i、ü 或以 i、ü 开头的韵母相拼的音节（尖音），也有 j、q、x 与 i、ü 或以 i、ü 开头的韵母相拼的音节（团音），而普通话是不分尖团的。这样一来，这些方言区的人就常常会把团音发成尖音。一些不分尖团音的方言区也会出现这样的发音现象：把"j、q、x"读得像"z、c、s"或者接近"z、c、s"的读音，产生"呲呲"的摩擦声，也就是把舌面音发成舌尖接触或接近上齿背的舌尖音。

（二）辨正要领

j、q、x 是舌面音，发音时舌面前部和上齿龈及硬腭前端构成阻碍；z、c、s 是舌尖音，发音时舌尖和上齿背构成阻碍。发 j、q、x 时，要注意控制住舌尖，不要用舌尖触碰上齿背，注意用舌面前部接近或抵住硬腭前端。如果 j、q、x 齿化问题较为严重，可以将舌尖抵住下齿背，防止舌尖上翘并加大舌面力度。

(三) 辨正训练

1. j

jī	jí	jǐ	jì	jiā	jiá	jiǎ	jià	jiān	jiǎn
机	及	几	寄	家	夹	甲	架	歼	剪
jiàn	jiāng	jiǎng	jiàng	jiāo	jiáo	jiǎo	jiào	jiē	jié
见	将	讲	酱	交	嚼	脚	叫	接	节
jiě	jiè	jīn	jǐn	jìn	jīng	jǐng	jìng	jiǒng	jiū
姐	借	金	仅	尽	经	景	静	窘	究
jiǔ	jiù	jū	jú	jǔ	jù	juān	juǎn	juē	jué
酒	就	居	橘	举	聚	娟	卷	撅	觉
juè	jūn	jùn							
倔	军	俊							

jiējìn	jiějué	jījí	jiějie	jíjiāng	jiāojì	jiānjiǎ	jīngjì
接近	解决	积极	姐姐	即将	交际	肩胛	经济
jùjué	jiāojiē	jiùjì	jiūjié	jiǎngjīn	jiāngjìn	jiūjìng	jiǎnjiè
拒绝	交接	救济	纠结	奖金	将近	究竟	简介
jiànjiē	jiǎnjié	jǐnjí	jiǎngjiě	jījīn	jìjié	jiājù	jìjìng
间接	简洁	紧急	讲解	基金	季节	家具	寂静
jījīng	jiǎngjiu	jiānjué	jiùjiu	jièjiàn	jiéjiǎn	jiàngjià	jiājí
鸡精	讲究	坚决	舅舅	借鉴	节俭	降价	加急
jiānjù	jiǎnjí	jìjiào					
间距	剪辑	计较					

2. q

qī	qí	qǐ	qì	qiā	qiǎ	qià	qiān	qián	qiǎn
七	其	起	气	掐	卡	恰	千	前	浅
qiàn	qiāng	qiáng	qiǎng	qiàng	qiāo	qiáo	qiǎo	qiào	qiē
欠	枪	强	抢	呛	敲	瞧	巧	翘	切
qié	qiě	qiè	qīn	qín	qìn	qīng	qíng	qǐng	qìng
茄	且	切	亲	琴	沁	青	情	请	庆
qióng	qiū	qiú	qiǔ	qū	qú	qǔ	qù	quān	quán
穷	秋	求	糗	区	瞿	曲	去	圈	全
quǎn	quàn	quē	qué	què	qún				
犬	劝	缺	瘸	却	群				

qìqiú	quánquán	qīqiao	qiǎngqiú	qiǎnquǎn	qiánqī	qīnqi	qǐngqiú
气球	全权	蹊跷	强求	缱绻	前期	亲戚	请求

quánqiú 全球	qiànquē 欠缺	quánqín 全勤	qíquán 齐全	qīnqíng 亲情	qiáoqiān 乔迁	qǐqiú 起球	qíqū 崎岖
quèqiè 确切	qīnquán 侵权	qíngqù 情趣	qīngqì 氢气	qǔqián 取钱	quēqín 缺勤	qiánqī 前妻	qīngquán 清泉
qìquán 弃权	quānqián 圈钱	qièqǔ 窃取	qiānqiǎng 牵强	qiángqī 墙漆	qiánqīng 前倾	qìqiāng 气枪	qiūqiān 秋千
qīng·qiǎo 轻巧							

3. x

xī 西	xí 席	xǐ 洗	xì 细	xiā 瞎	xiá 辖	xià 下	xiān 先	xián 衔	xiǎn 显
xiàn 现	xiāng 相	xiáng 降	xiǎng 想	xiàng 向	xiāo 嚣	xiáo 淆	xiǎo 小	xiào 笑	xiē 些
xié 鞋	xiě 写	xiè 泻	xīn 新	xìn 信	xīng 星	xíng 行	xǐng 醒	xìng 性	xiōng 凶
xióng 熊	xiū 修	xiǔ 朽	xiù 锈	xū 需	xú 徐	xǔ 许	xù 酗	xuān 轩	xuán 悬
xuǎn 选	xuàn 炫	xuē 靴	xué 学	xuě 雪	xuè 血	xūn 勋	xún 寻	xùn 训	

xuéxí 学习	xièxie 谢谢	xiànxià 线下	xuéxiào 学校	xìnxī 信息	xiànxiàng 现象	xiāngxìn 相信	xiūxi 休息
xīngxiù 星宿	xiāoxi 消息	xiángxì 详细	xiǎoxué 小学	xíngxiàng 形象	xìnxīn 信心	xiēxi 歇息	xīnxiān 新鲜
xīnxíng 新型	xiànxíng 现行	xiānxíng 先行	xīnxīng 新星	xiūxián 休闲	xiànxìng 线性	xiàxiāng 下乡	xiǎnxiàn 显现
xiānxì 纤细	xuǎnxiàng 选项	xīnxū 心虚	xìnxiāng 信箱	xūxiàn 虚线	xuǎnxiū 选修	xīngxing 猩猩	xǐxùn 喜讯
xiūxíng 修行	xīnxuè 心血	xìxiǎo 细小					

4. j+z

jīzǎn 积攒	jiézòu 节奏	jiǎngzuò 讲座	jìnzé 尽责	jiùzāi 救灾	jízī 集资	jùzài 拒载	jiāzuò 佳作
jìngzǒu 竞走	jiàzi 架子	jìngzi 镜子	jiǎozi 饺子	jiànzào 建造	Jiāozuò 焦作		

5. z+j

zìjǐ	zǒngjié	zàijiàn	zēngjìn	zàijiā	zǔjiàn	zūnjìng	zǒngjià
自己	总结	再见	增进	在家	组建	尊敬	总价
zìjiā	zánjiā	zìjié	zàojià	zuòjī	zuìjiā		
自家	咱家	字节	造价	座机	最佳		

6. q+c

qiáncái	qícì	qiēcuō	qīcǎn	qūcái	qǐcǎo	qǔcái	qiáncáng
钱财	其次	切磋	凄惨	屈才	起草	取材	潜藏
qīngcí	qīngcuì	qìcái	qǐngcí	qīngcāng	qīngcài		
青瓷	清脆	器材	请辞	清仓	青菜		

7. c+q

cǐqián	cǎiqǔ	còuqiǎo	cúnqián	cāngqióng	cóngqián	còuqí	cíqì
此前	采取	凑巧	存钱	苍穹	从前	凑齐	瓷器
cuìqǔ	còuqián	cūqiǎn	cǎiqí	cánquē			
萃取	凑钱	粗浅	彩旗	残缺			

8. x+s

xuèsè	xiàngsù	xùnsù	xīnsi	xiāosuān	xúnsi	xūsuì	xuǎnsòng
血色	像素	迅速	心思	硝酸	寻思	虚岁	选送
xùnsī	xùnsè	xīnsuān	xiànsù	xiànsuǒ	xísú		
徇私	逊色	心酸	限速	线索	习俗		

9. s+x

suíxìng	sīxiǎng	suǒxū	sīxià	sīxìn	sǐxíng	sīxù	sòngxíng
随性	思想	所需	私下	私信	死刑	思绪	送行
suíxiǎng	sūxǐng	sùxíng	sùxiào	sōngxiè	sòngxiū		
随想	苏醒	塑形	速效	松懈	送修		

10. 混合训练

sìjì	jìsì	xiùzi	xiàcè	xìcí	sījiāo	sīqíng	sīxiàn
四季	祭祀	袖子	下册	戏词	私交	私情	丝线
jiàoxué	quánjú	qíngjǐng	jiāqiáng	jìqiǎo	jìxù	jiāxiāng	jièxiàn
教学	全局	情景	加强	技巧	继续	家乡	界限
qìxī	xìjié	xìjù	qíngjié	qíjì	qiánjǐng	qīngxī	qǔxiāo
气息	细节	戏剧	情节	奇迹	前景	清晰	取消
xiànjīn	xuěqiú	xūqiú	xiàqí				
现金	雪球	需求	下棋				

（四）综合练习

1. 绕口令练习

真稀奇

稀奇稀奇真稀奇，三只小鸡不吃米。不吃米，吃啥东西？虫子青菜最欢喜。

七加一

七加一，七减一，加完减完等于几？七加一，七减一，加完减完还是七。

漆匠和锡匠

七巷一个漆匠，西巷一个锡匠。七巷漆匠用了西巷锡匠的锡，西巷锡匠拿了七巷漆匠的漆，七巷漆匠气西巷锡匠用了漆，西巷锡匠讥七巷漆匠拿了锡。

京剧与警句

京剧叫京剧，警句叫警句。京剧不能叫警句，警句不能叫京剧。

气球换皮球

小齐吹气球，小西玩皮球。小齐要拿气球换小西的皮球，小西不拿皮球换小齐的气球。

比尖

尖塔尖，尖杆尖，杆尖尖似塔尖尖，塔尖尖似杆尖尖。有人说杆尖比塔尖尖，有人说塔尖比杆尖尖。不知到底是杆尖比塔尖尖，还是塔尖比杆尖尖。

2. 短文练习

蛐蛐说大话

墙头高，墙头低，墙旮旯有对蛐蛐，在那儿吹大气。大蛐蛐说："昨儿个我吃了两只花不愣登的大老虎。"小蛐蛐说："今儿个我吃了两只灰不溜秋的大毛驴。"大蛐蛐说："我在南山爪子一抬，踢倒了十棵大柳树。"小蛐蛐说："我在北海大嘴一张，吞了十条大鲸鱼。"这两个蛐蛐正在吹大气，扑棱棱打东边飞来一只芦花大公鸡。你看这只公鸡有多愣，它"哆"地一声吃了那只小蛐蛐。大蛐蛐一看生了气，它龇牙捋须一伸腿，唉！它也喂了鸡！哈哈，看它还吹大气不吹大气！

五、r—l 辨正训练

（一）问题分析

r 和 l 发音部位比较接近，而且都是浊声母，音色比较相似。吴方言、闽方言、东北方言、华北方言、江淮方言等方言区的部分地区没有声母 r，而是往往发成 l 或以 i、ü 开头的零声母字，如福州话把"热"读成"lè"，沈阳话把"人"读成"yín"。

（二）辨正要领

普通话中的 r 是一个舌尖后浊擦音，l 是一个舌尖中浊边音，要区分这两组音，读好 r 是关键。读 r 时，舌尖向上齿龈后部卷起，舌头两侧稍收拢，双唇略突出，舌尖与硬腭形成一条窄缝，气流通过窄缝形成摩擦，声带颤动。关于 r 的发音部位和发音方法，详见图 4-4。

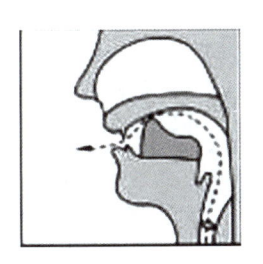

图 4-4　r 的发音图

（1）从发音部位上来说，r 是舌尖后音，舌尖和硬腭前端成阻；l 是舌尖中音，舌尖和上齿龈成阻，所以 r 的舌位要比 l 靠后。

（2）从发音方法上来说，r 和 l 都是浊音，但 r 是擦音，舌尖和硬腭留的缝隙很小，气流通道很窄，摩擦成音；l 是边音，舌尖接触上齿龈，在舌头两侧留有气流留出的通道，摩擦较小。

（3）要发准 r，还可以先发一个清音 sh，舌位唇形都不变，振动声带，就可以发出相同发音位置的浊音 r。

（三）如何记住 r—l 声母字

普通话中的"r"声母字不多，常用的只有 50 多个，我们可以采用"记少不记多"的原则，掌握哪些字是 r 声母字。

常用 r 声母字列举：

rén	ràng	rú	rì	ruò	rèn	rè	réng	rù	ròu
人	让	如	日	若	任	热	仍	入	肉
rán	rén	róng	ruì	ruǎn	ruò	rēng	rán	rào	rú
然	仁	容	瑞	软	弱	扔	燃	绕	蠕
rěn	rèn	róu	ruǎn	rùn	rě	rǔ	rǎn	ruì	ruì
忍	认	柔	阮	润	惹	汝	染	睿	锐
róng	rú	rǔ	rǎn	ráo	róng	rú	ruǐ	rèn	róu
融	儒	乳	冉	饶	蓉	茹	蕊	刃	揉
ruì	róng	róng	róng	róng	rǎo	rǔ	róng	rèn	rén
芮	榕	绒	戎	溶	扰	辱	熔	韧	壬
rùn	róng	rǎng	róng	ruò	rú	rǎng	ráo	rú	rù
闰	茸	嚷	嵘	偌	嚅	壤	娆	濡	褥
róng	ráng	rèn	rán	rǒng	rǎng	rèn			
镕	瓤	妊	髯	冗	攘	纫			

（四）辨正训练

1. r—l

| bìrán bìlán | zǔrán zǔlán | qiúráo qiúláo | ròuxiàn lòuxiànr |
| 必然—碧蓝 | 阻燃—阻拦 | 求饶—囚牢 | 肉馅—露馅儿 |

yúrè yúlè	rǔzhī lǔzhī	jìnrù jìnlù	ràochéng làochéng
余热—娱乐	乳汁—卤汁	进入—近路	绕城—涝城
shuāiruò shuāiluò	shōurù shōulù	ráoshù lǎoshǔ	rù'nèi lú'nèi
衰弱—衰落	收入—收录	饶恕—老鼠	入内—颅内

2. r+l

ròulèi	rénlì	rénlèi	rìlì	róngliàng	rèliè	rènlǐng	rǎnliào
肉类	人力	人类	日历	容量	热烈	认领	染料
rànglì	róulìn	ránliào	rèliàng	rìluò	rónglú	rǎoluàn	rùliàn
让利	蹂躏	燃料	热量	日落	熔炉	扰乱	入殓
ràolù	rèliàn						
绕路	热恋						

3. l+r

làròu	lùrù	lìrùn	lǎorén	lìrú	liǎrén	lièrén	làrǎn
腊肉	录入	利润	老人	例如	俩人	猎人	蜡染
língrǔ	lǐràng	liànrén	lěngrè	lírèn	luànrēng	lǔròu	liánróng
凌辱	礼让	恋人	冷热	离任	乱扔	卤肉	莲蓉
lùróng	liáorào						
鹿茸	缭绕						

（五）综合练习

1. 绕口令练习

说日

夏日无日日亦热，冬日有日日亦寒，春日日出天渐暖，晒衣晒被晒褥单，秋日天高复云淡，遥看红日迫西山。

肉漏油

热天吃肉，肉漏油。油漏肉热，人又愁。

2. 短文练习

遛鸟的人是北京人里头起得最早的一拨。每天一清早，当公共汽车和电车首班车出动时，北京的许多园林以及郊外的一些地方空旷、林木繁茂的去处，就已经有很多人在遛鸟了。他们手里提着鸟笼，笼外罩着布罩，慢慢地散步，随时轻轻地把鸟笼前后摇晃着，这就是"遛鸟"。他们有的是步行来的，更多的是骑自行车来的。他们带来的鸟有的是两笼——多的可至八笼。如果带七八笼，就非骑车来不可了。车把上、后座、前后左右都是鸟笼，都安排得十分妥当。看到它们平稳地驶过通向密林的小路，是很有趣的，——骑在车上的主人自然是十分潇洒自得，神清气朗。

养鸟本是清朝八旗子弟和太监们的爱好，"提笼架鸟"在过去是对游手好闲，不事生产的人的一种贬词。后来，这种爱好才传到一些辛苦忙碌的人中间，使他们能得到一些休息和安慰。我们常常可以在一个修鞋的、卖老豆腐的、钉马掌的摊前的小树上看到一笼鸟。这是他的伙伴。不过养鸟的还是以上岁数的较多，大都是从五十岁到八十岁的人，大部分是退休的职工，在职的稍少。近年在青年工人中也渐有养鸟的了。

——节选自汪曾祺《北京人的遛鸟》

六、r—零声母辨正

（一）问题分析

部分方言会将音节"rong"读作"yong"，如"蓉、容、荣、容、戎"等字；还有些方言则将"yong"读作"rong"，如"永、勇、用、涌、庸"等字。

（二）辨正要领

"rong"的声母"r"是一个舌尖后浊擦音，而"yong"则没有辅音实体声母，是一个零声母音节。发"rong"时舌尖后卷接近硬腭前端，发"yong"时的第一个音则是撮口音 ü［y］，发音时舌尖前伸抵住下齿背，嘴唇拢圆。

（三）如何记住 r—零声母字

普通话中的音节"rong"大多为阳平，读作其他声调的多为零声母音节"yong"，我们可以利用声韵调配合规律来分辨两个音节。

阴平 55　yōng　拥 雍 庸 佣 壅 臃 慵 墉
阳平 35　róng　容 蓉 戎 荣 融 榕 绒 熔 茸 嵘 镕 狨
上声 214　yǒng　涌 永 勇 咏 泳 甬 俑 蛹 踊
去声 51　yòng　用 佣

违背以上规律的字极少，常见的只有"冗"（rǒng）。

（四）辨正训练

1. rong

kuānróng	róngyì	róngmáo	rǒngcháng	rónghuà	róngduàn	róngyù	róngshù
宽容	容易	绒毛	冗长	融化	熔断	荣誉	榕树
fúróng	xíngróng	fánróng	bīngróng	guāngróng	xiàoróng		
芙蓉	形容	繁荣	兵戎	光荣	笑容		

2. yong

yōnglǎn	yònghù	yōnghù	yǒnggǎn	yǒngrù	yǒngyuǎn	yǒngtàn	yǒngdào
慵懒	用户	拥护	勇敢	涌入	永远	咏叹	甬道
qínyǒng	cányǒng	yǒngyuè	yòngtú	yōngsú	yǒngqì	yòngjīn	nǚyōng
秦俑	蚕蛹	踊跃	用途	庸俗	勇气	佣金	女佣
gùyōng	píngyōng	juànyǒng	gēyǒng	yóuyǒng			
雇佣	平庸	隽永	歌咏	游泳			

3. yong+rong

 yōngróng
  雍容

（五）综合练习

         蓉蓉和勇勇
蓉蓉养蛹，蛹化化蛹。勇勇栽榕，榕茂树荣。
         学游泳
小永勇敢学游泳，勇敢游泳是英雄。

第五章 韵母训练

第一节 普通话韵母简介

普通话韵母共有 39 个，按结构可以分为单韵母、复韵母、鼻韵母；按开头元音发音口型可分为开口呼、齐齿呼、合口呼、撮口呼（简称"四呼"）。开口呼是指没有韵头，韵腹不是 i、u、ü 的韵母（zhi、chi、shi、ri 和 zi、ci、si 中的"i"实际发音不是"i"，所以也是开口呼）；齐齿呼是指韵头或韵腹是 i 的韵母；合口呼是指韵头或韵腹是 u 的韵母（ong 的实际发音是 [ʊŋ]，所以是合口呼）；撮口呼是指韵头或韵腹是 ü 的韵母（iong 的实际发音是 [yŋ]，所以是撮口呼）。关于普通话的韵母，详见表 5-1。

表 5-1 普通话韵母总表

韵母	开口呼	齐齿呼	合口呼	撮口呼
单韵母（10个）	-i [ɿ] [ʅ]	i	u	ü
	a	ia	ua	
	o		uo	
	e			
	ê	ie		üe
	er			
复韵母（13个）	ai		uai	
	ei		uei	
	ao	iao		
	ou	iou		
鼻韵母（16个）	an	ian	uan	üan
	en	in	uen	ün
	ang	iang	uang	
	eng	ing	ueng	
			ong	iong

55

第二节　普通话韵母辨正

一、单韵母辨正训练

由一个元音构成的韵母叫单元音韵母，又叫单韵母。单元音韵母发音的特点是自始至终口形不变，舌位不移动。普通话中单元音韵母共有 10 个，分别是 a、o、e、ê、i、u、ü、-i（前）、-i（后）、er。

（一）舌面元音

关于普通话常见舌面元音舌位，详见图 5-1①。

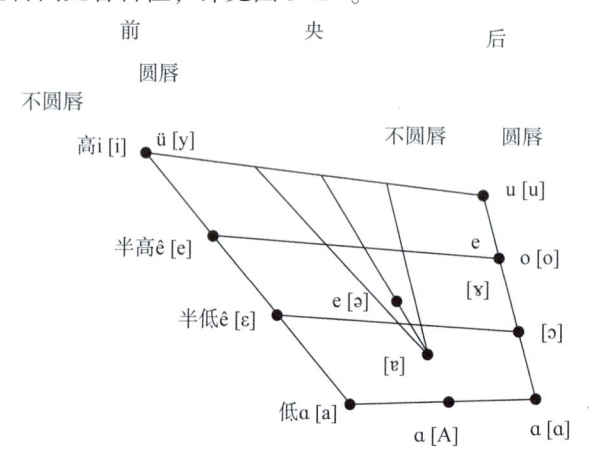

图 5-1　普通话常见舌面元音舌位图

1. a［A］——舌面央低不圆唇元音

发音时，口腔大开，舌位低，舌头前伸略微接近或接触下齿背，舌头居中，嘴唇呈自然状态，如"沙发""打靶"的韵母。某些北方方言会出现将 a［A］发成舌面后低不圆唇元音［ɑ］的情况，解决这种偏误要注意将舌位前移。

bà	ma	fǎ	tā	nà	gà	hā	zhà	chá	zá
罢	吗	法	他	那	尬	哈	炸	茶	砸
cā	sǎ	ā	shā	dá	pà	kǎ	lā	mā	chā
擦	洒	阿	沙	达	怕	卡	拉	妈	插
bàba	māma	lāta	shāfā	hǎdá	chābá	Sāhālā	Lāsà
爸爸	妈妈	邋遢	沙发	哈达	插拔	撒哈拉	拉萨

---

① 本图为普通话常见舌面元音舌位图，采用的是宽式标音法。而本章中各韵母辨正部分的图采用的是严式标音法，具体描述各音的实际发音位置，具体参见各韵母下方对应的图。

lǎbā	làbā	mǎdá	fàlà	shāchá	fǎmǎ	dàbà	dàshà
喇叭	腊八	马达	发蜡	沙茶	砝码	大坝	大厦
nǎpà	fāmá	cházhā	fāshā	mǎzhá	dàmā	dǎfa	
哪怕	发麻	茶渣	发痧	马扎	大妈	打发	

2. o [o] ——舌面后半高圆唇元音

发音时，舌位半高，舌头后缩，嘴唇拢圆。舌位比国际音标中的 [o] 略低一些，如"波""泼"的韵母。b、p、m、f 之后的 o，只是拼写形式为"o"，其实际读音同复韵母"uo"。

ō	ò	bō	bó	pō	pó	pǒ	pò	mō	mó
喔	哦	波	勃	颇	婆	叵	破	摸	魔
mò	fó	mǒ							
墨	佛	抹							

bōlàng	bóshì	bōsòng	bō·nòng	bóqíng	bōxuē	lǐfó	huófó
波浪	博士	播送	拨弄	薄情	剥削	礼佛	活佛
tiǎobō	kèbó	pánbō	guǎngbō	gēbo	bóbo	fókān	chéngfó
挑拨	刻薄	盘剥	广播	胳膊	伯伯	佛龛	成佛
pópo	pòlàn	pōshuǐ	pòlì	pōdù	pòshǐ	fózǔ	fózhū
婆婆	破烂	泼水	魄力	坡度	迫使	佛祖	佛珠
húnpò	bīpò	shānpō	hǔpò	lǎopo	qiǎngpò	chùmō	hóngmó
魂魄	逼迫	山坡	琥珀	老婆	强迫	触摸	虹膜
móbù	mòmò	mòxiě	mōsuǒ	mòshuǐ	mócā	lěngmò	shāmò
膜布	默默	默写	摸索	墨水	摩擦	冷漠	沙漠
chénmò	fěnmò						
沉没	粉末						

3. e [ɤ] ——舌面后半高不圆唇元音

e 的舌位大体像 o，只是双唇自然展开，不圆唇，如"歌""苛""喝"的韵母。

é	me	dé	tè	nè	lè	gé	kè	hé	zhē
鹅	么	得	特	讷	乐	格	克	河	遮
chē	shé	rè	zè	cè	sè				
车	舌	热	仄	侧	色				

gēge	tèsè	kèchē	hézhé	hégé	sèzé	gérè	gēshě
哥哥	特色	客车	合辙	合格	色泽	隔热	割舍
tèshè	zhéshè	Rèhé	chēzhé	shèkē	kēkè	géhé	kělè
特设	折射	热河	车辙	社科	苛刻	隔阂	可乐

hèsè　　shěde
褐色　　舍得

4. ê [ɛ] ——舌面前半低不圆唇元音

发音时，口腔半开，舌位半低，舌头前伸抵住下齿背，嘴角向两边自然展开。在普通话里，ê 很少单独使用，经常出现在 i、ü 的后面（即复韵母 ie、üe 中），在 i、ü 后面时，书写要省去符号"^"。

é
欸

5. i [i] ——舌面前高不圆唇元音

发音时，口腔开度较小，舌头前伸抵住下齿背，前舌面上升接近硬腭，气流通路狭窄，但不发生摩擦，嘴角向两边展开，不圆唇，如"低""体"的韵母。

bǐ	pí	mǐ	dī	tí	nǐ	lí	jí	qí	xī
比	皮	米	低	题	你	离	及	其	西
pīmǐ	lìtǐ	jīqì	dìlǐ	límǐ	xìmì	jījí	bǐlì		
披靡	立体	机器	地理	厘米	细密	积极	比例		
tíbǐ	pǐdí	lìjí	yíqì	xǐyī	qìxī	xīlì	jǐpí		
提笔	匹敌	立即	仪器	洗衣	气息	犀利	麂皮		
yǐjí	xíjī								
以及	袭击								

6. u [u] ——舌面后高圆唇元音

发音时，口腔开度较小，舌头后缩隆起接近软腭，双唇拢圆，气流通路狭窄，但不发生摩擦，如"图书""互助"的韵母。

普通话中合口呼的零声母字，有的方言如吴方言、宁夏话、桂林话等常会读成 [v]（唇齿浊擦音）声母，如"无、万、闻、物、尾、问"等。这只要在发音时注意把双唇拢圆，不要让下唇和上齿接触，就可以改正了。

bù	pū	mù	fǔ	dǔ	tú	nǔ	lǔ	gǔ	kù
布	铺	幕	府	赌	徒	努	鲁	古	库
hú	zhù	chū	shū	rú	zú	cū	sú	wǔ	
胡	筑	出	书	如	足	粗	俗	五	
hútu	lùchū	fùtú	dǔtú	nùmù	shùmù	zǔfù	kùshǔ		
糊涂	露出	附图	赌徒	怒目	树木	祖父	酷暑		
hūchū	shūrù	zhùsù	bǔzhù	bùshǔ	bǔrǔ	fūfù	shūshu		
呼出	输入	住宿	补助	部署	哺乳	夫妇	叔叔		
pùbù	fúdù	dúwù	cūsú	zhùzú	shūmù	zǔfù	cūlǔ		
瀑布	幅度	读物	粗俗	驻足	书目	祖父	粗鲁		

7. ü [y] ——舌面前高圆唇元音

发音时，口腔开度较小，舌头前伸抵住下齿背，前舌面上升接近硬腭，但气流通过时不发生摩擦，嘴唇拢圆。发音情况和 i 基本相同，区别是 ü 嘴唇是圆的，i 嘴唇是扁的，如"语句"的韵母。

nǚ	lǜ	jú	qù	xū	yǔ		
女	绿	菊	去	须	与		
nǚxu	lǚjū	júyù	qǔjù	qūjū	qǔyù	xúxú	jùjū
女婿	旅居	局域	曲剧	屈居	区域	徐徐	聚居
qūyú	xùqǔ	xūyú	xùyǔ	yúnǚ	yújù	yúqū	yǔxù
趋于	序曲	须臾	絮语	渔女	渔具	渔区	语序
yǔjù	yùjù						
语句	豫剧						

（二）舌尖元音

1. -i（前）[ɿ] ——舌尖前不圆唇元音

发音时，舌尖前伸，接近上齿背形成狭窄的通道，气流通过不发生摩擦，嘴唇向两边展开。用普通话念"私"并延长，字音后面的部分便是 -i（前）。这个韵母只跟 z、c、s 配合，不和任何其他声母相拼，也不能自成音节，如"资""此""思"的韵母。

zī	zǐ	zì	cī	cí	cǐ	cì	sī	sǐ	sì
资	紫	自	疵	磁	此	刺	思	死	四
zìcí	zìcǐ	zǐsì	zìsī	zìsì	cìzì	sìcì	cìcì		
字词	自此	子嗣	自私	恣肆	刺字	四次	次次		
cǐcì	cìsǐ	sīzì	sìzì						
此次	赐死	私自	四字						

2. -i（后）[ʅ] ——舌尖后不圆唇元音

发音时，舌尖上翘，接近硬腭前部形成狭窄的通道，气流通过不发生摩擦，嘴角向两边展开。用普通话念"师"并延长，字音后面的部分便是 -i（后）。这个韵母只跟 zh、ch、sh、r 配合，不与其他声母相拼，也不能自成音节，如"知""吃""诗""日"的韵母。

zhī	zhí	zhǐ	zhì	chī	chí	chǐ	chì	shī	shí
支	直	指	室	吃	迟	尺	赤	失	实
shǐ	shì								
史	事								
zhǐzhì	zhìzhǐ	zhízhì	zhìzhǐ	zhīchí	zhìchǐ	zhíchǐ	shìchǐ		
纸质	制止	直至	直指	支持	智齿	直尺	市尺		

zhīshi	zhǐshì	zhìshǐ	zhīshì	chízhì	chíchí	chīshí	shìchī
知识	指示	致使	芝士	迟滞	迟迟	吃食	试吃
shīshì	shìshí	shìshi	shízhì	shìzhǐ			
施事	事实	试试	实质	试纸			

(三) 卷舌元音

er [ɚ]

发音时，口腔半开，舌位居中，舌尖向后卷，唇形不圆，是带有卷舌色彩的央元音 [ɚ]。在发 [ə] 的同时，舌尖向硬腭轻轻卷起，不是先发 [ə] 然后卷舌，而是发 [ə] 的同时舌尖卷起。"er" 中的 "r" 不代表音素，只是表示卷舌动作的符号。er 只能自成音节，不和任何声母相拼。如 "儿" "耳" "二" 的韵母。

èr	ér	ér	ěr	ěr	ěr	ěr	ěr
二	而	儿	尔	耳	迩	饵	洱
èrshí	érqiě	ěrduo	èrhú	érzi	nán'ér	nǚ'ér	jiàn'ér
二十	而且	耳朵	二胡	儿子	男儿	女儿	健儿
rán'ér	é'ér	fǎn'ér					
然而	俄而	反而					

(四) 分辨 i 和 ü

有些方言没有撮口呼韵母，如昆明话、广西钦州话等。这些方言将 "i" 和 "ü" 都读作 "i"，如 "下雨" 读作 "xiàyǐ"，"云南" 读作 "yínnán"。这类方言区的人在说撮口呼时，要注意将嘴唇拢圆。可以用先发展唇音 i，然后舌位不动，将嘴唇慢慢拢圆发出 ü 的方式逐步练习。

nǐ nǚ	lǐ lǔ	lì lǜ	jī jū	jí jú
拟—女	里—屡	力—绿	机—居	及—局
jǐ jǔ	jì jù	qī qū	qí qú	qǐ qǔ
几—沮	寄—聚	七—区	其—渠	起—取
qì qù	xī xū	xí xú	xǐ xǔ	xì xù
器—去	西—需	席—徐	洗—许	细—酗
yī yū	yí yú	yǐ yǔ	yì yù	
一—迂	姨—鱼	已—与	抑—遇	
qíjì qǔjù	qíyì qūyù	qíyì qūyú	xīqí xùqǔ	
奇迹—曲剧	奇异—区域	歧义—趋于	稀奇—序曲	
xīyī xūyú	xīyī xùyǔ	yǐnǐ yùnǚ	yǐjí yǔjù	
洗衣—须臾	西医—絮语	旖旎—玉女	以及—语句	
yíjì yújù	yíqì yúqū	yīxī yǔxù	yìyì yùyù	
遗迹—渔具	仪器—渔区	依稀—语序	意义—郁郁	

shēngyù shēngyì	jūzhù jìzhu	xīxì xúxú	jījí jùjū
生育—生意	居住—记住	嬉戏—徐徐	积极—聚居
Qūjìng qíjǐng	qǔmíng qǐmíng	jùhuì jìhuì	róngyì róngyù
曲靖—骑警	取名—起名	聚会—忌讳	容易—荣誉
yùjiàn yì·jiàn	měiyù měiyì	yúshì yíshì	míngyù míngyì
遇见—意见	美誉—美意	于是—仪式	名誉—名义
xǐjiǔ xùjiǔ	xīkè xǔkě	xìnglǚ xìnglǐ	qūyú qíyú
喜酒—酗酒	稀客—许可	姓吕—姓李	趋于—其余
yíwàng yùwàng	zhēngqì zhēngqǔ	lìyì lǐyù	zhíyì zhìyù
遗忘—欲望	争气—争取	立意—礼遇	执意—治愈
lǐyí lǐyú			
礼仪—鲤鱼			

（五）分辨 o 和 e

有些方言区 o 和 e 不分，例如新疆和东北的部分地区会将"o"读成"e"，比如"坡"读成"pē"、"膜"读成"mé"。西南方言区则有不少地方将"e"读成"o"，比如"哥"读成"gō"、"和"读成"hó"。这两个音的舌位高低、前后都差不多，区别在于"o"是圆唇音，"e"是不圆唇音。在发音时注意双唇是否拢圆即可分辨。

pògé	móhé	hégé	gémó	gēbo	hézhé	mòhé	Bólè
破格	磨合	合格	隔膜	胳膊	合辙	墨盒	伯乐
mòkè	kēpò	kèbó	bòhe	pòchē	chěpò	chēmó	gēpò
墨客	磕破	刻薄	薄荷	破车	扯破	车模	割破

（六）综合练习

1. 绕口令练习

女小吕和女老李

这几天下雨，穿粉雨衣的女小吕，来找打紫雨伞的女老李。穿粉雨衣的女小吕，没找着打紫雨伞的女老李，打紫雨伞的女老李，也没等来穿粉雨衣的女小吕。

过河

哥哥弟弟坡前坐，坡上卧着一只鹅，坡下流着一条河。哥哥说，宽宽的河。弟弟说，白白的鹅。鹅要过河，河要渡鹅，不知是那鹅过河，还是河渡鹅。

洗席

一床细席，席上有泥。溪边去洗，溪洗细席。

分果果

国国和哥哥，树下分果果。哥哥给国国大果果，国国把大个给哥哥。哥哥让国国，国国让哥哥。都说自己要小个，妈妈见了乐呵呵。

山上五棵树

山上五棵树，架上五壶醋，林中五只鹿，箱里五条裤。伐了山上树，搬下架上醋，打死林中鹿，取出箱中裤。

老伯与老婆儿

南边来了个老伯，提着一面铜锣。北边来了个老婆儿，挎着一篮香蘑。卖铜锣的老伯要拿铜锣换卖香蘑的老婆儿的香蘑，卖香蘑的老婆儿不愿拿香蘑换卖铜锣的老伯的铜锣。卖铜锣的老伯生气敲铜锣，卖香蘑的老婆儿含笑卖香蘑，老伯敲破了铜锣，老婆儿卖完了香蘑。

破布补烂鼓

屋里一个破皮鼓，扯点破布就来补。也不知破布补破鼓，还是破鼓补破布。只见鼓补布，布补鼓；布补鼓，鼓补布。补来补去，鼓不成鼓，布不成布。

哑巴和喇嘛

打南边来了个喇嘛，手里提拉着五斤①鳎目。打北边来了个哑巴，腰里别着个喇叭。南边提拉着鳎目的喇嘛要拿鳎目换北边别喇叭哑巴的喇叭，哑巴不愿意拿喇叭换喇嘛的鳎目，喇嘛非要换别喇叭哑巴的喇叭。喇嘛抢起鳎目打了别喇叭哑巴一鳎目，哑巴摘下喇叭打了提拉着鳎目的喇嘛一喇叭。也不知是提拉着鳎目的喇嘛打了别喇叭哑巴一鳎目，还是别喇叭哑巴打了提拉着鳎目的喇嘛一喇叭。喇嘛炖鳎目，哑巴嘀嘀哒哒吹喇叭。

2. 短文练习

狐狸、狮子和驴

驴子和狐狸是好朋友。一天，它们经过一番商量，决定合伙去寻找猎物。

它们到田野里找，到森林里找，都没有找到合适的猎物，都有些灰心了。

当它们在回家的路上时，突然，一头狮子出现在面前。那狮子的身体足有三米长，四肢强壮，样子十分凶猛。

狡猾的狐狸见大事不妙，立即跑到狮子面前，许诺道："狮子大王，我愿把这头驴子送给您，当作我小辈儿给您的见面礼。求您高抬贵手，免我一死。"

狮子觉得，不费吹灰之力轻易得到一头驴子，便另有打算地说："可以，可以啊！"

狐狸虚情假意地引诱驴子，向一个大陷阱走去。只听"扑通"一声，驴子掉进了陷阱。

狮子见驴子不能再逃跑了，就把狐狸捉住了。狮子对狐狸说："像你这种出卖朋友的家伙还是让我把你吃掉算了，免得你再去祸害别的动物！"说完，狮子朝狐狸猛扑过去，把狐狸咬死了，然后再去吃那只掉进陷阱里的驴子。

二、复韵母辨正训练

由两个或三个元音结合而成的韵母叫复韵母。普通话共有 13 个复韵母，分别是 ai、ei、ao、ou、ia、ie、ua、uo、üe、iao、iou、uai、uei。根据主要元音所处的位置，复韵母可分为前响复韵母、中响复韵母和后响复韵母。

复韵母发音过程中，有明显的舌位移动变化和唇形圆展变化的过程，这个过程我们称之为"动程"。要发好复韵母，动程是关键。

---

① 一斤等于五百克。

（一）前响复韵母

前响复韵母共有4个：ai、ei、ao、ou。它们的共同特点是前一个元音清晰响亮，后一个元音轻短模糊，音值不太固定，只表示舌位滑动的方向。

1. ai

发音时，先发［a］，这里的［a］舌位靠前，念得长而响亮，然后舌位向［i］往高移动。［i］是舌位移动的方向，音短而模糊，例如"白菜""海带""买卖"的韵母。

关于ai的发音示意图，详见图5-2。

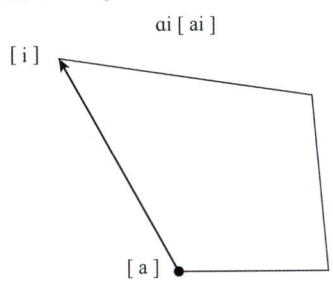

图5-2　ai的发音示意图

bǎi	pái	mài	dài	tài	nǎi	lái	gāi	sài	ài
百	排	卖	带	太	奶	来	该	赛	爱
kāi	hái	zhāi	chāi	shài	zài	cài			
开	还	摘	拆	晒	在	菜			
hǎidài	kāicǎi	zhāicài	báicài	pāimài	nàishài	chāitái	kāisài		
海带	开采	摘菜	白菜	拍卖	耐晒	拆台	开赛		
páishāi	mǎimai	máitai	dàizǎi	àidài	zāihài	kāimài	làizhài		
排筛	买卖	埋汰	待宰	爱戴	灾害	开卖	赖债		
nǎinai	táihǎi	táicài	táiài	cǎizhāi	shàitái				
奶奶	台海	苔菜	抬爱	采摘	晒台				

2. ei

发音时，先发舌面前半高不圆唇元音［e］，比单念韵母 e 时舌位靠前，然后向［i］的方向往前往高滑动，例如"配备""北美""黑莓"的韵母。

关于ei的发音示意图，详见图5-3。

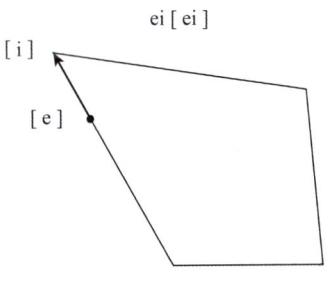

图5-3　ei的发音示意图

63

bèi	péi	mèi	fèi	děi	nèi	léi	gěi	hēi	zhèi
被	陪	妹	费	得	内	雷	给	黑	这
shéi	zéi								
谁	贼								

Běifēi	bèilěi	bèilèi	bèiléi	méigěi	Běibèi	nèizéi	fēizéi
北非	蓓蕾	贝类	贝雷	没给	北碚	内贼	飞贼
fèifei	pèibèi	féiměi					
狒狒	配备	肥美					

3. ao

发音时，先发舌面后低不圆唇元音［a］，接着向高元音［u］的方向滑动，例如"高潮""报道""吵闹"的韵母。

关于 ao 的发音示意图，详见图 5-4。

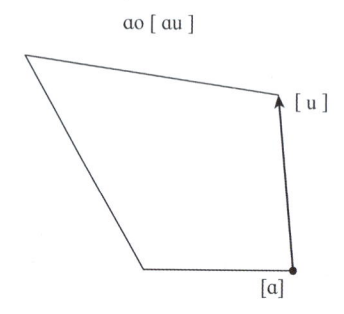

图 5-4　ao 的发音示意图

bǎo	pào	máo	dāo	tào	nǎo	lǎo	gāo	kǎo	hǎo
保	炮	毛	刀	套	脑	老	高	考	好
zhǎo	chāo	shǎo	rào	zǎo	cāo	sǎo	ào		
找	超	少	绕	早	操	扫	奥		

gāokǎo	hàozhào	lǎoshào	hǎobào	háomáo	bàodào	máozao	dàocǎo
高考	号召	老少	好报	毫毛	报道	毛躁	稻草
bǎodǎo	bàogào	bàokǎo	bàochǎo	bàozào	pàozǎo	pǎocāo	màopào
宝岛	报告	报考	爆炒	暴躁	泡澡	跑操	冒泡
pāomáo	pǎodào						
抛锚	跑道						

4. ou

发音时，先发 ［o］，接着向 ［u］ 的方向滑动，例如"收购""漏斗"的韵母。起点元音的实际位置比 ［o］ 略靠前，圆唇度也略低。

关于 ou 的发音示意图，详见图 5-5。

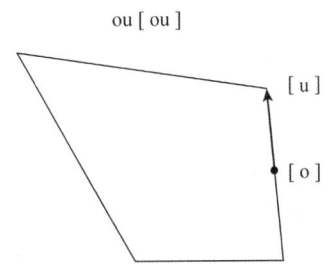

图 5-5　ou 的发音示意图

pōu	mǒu	fǒu	dōu	tóu	lòu	gòu	kǒu	hòu	zhōu
剖	某	否	都	投	漏	购	口	后	周
chōu	shōu	ròu	zǒu	còu	sōu	ōu			
抽	收	肉	走	凑	艘	欧			
dōushòu	ōuzhōu	zǒulòu	kǒuchòu	zǒushòu	hòutou	shòulóu	shōukǒu		
兜售	欧洲	走漏	口臭	走兽	后头	售楼	收口		
hóutóu	chǒulòu	chóumóu	shōushǒu	shōushòu	chóumóu	dǒusǒu	shǒudǒu		
猴头	丑陋	筹谋	收手	收受	绸缪	抖擞	手抖		
lòudǒu	shōugòu								
漏斗	收购								

（二）后响复韵母

后响复韵母共有 5 个：ia、ie、ua、uo、üe。它们的共同特点是前一个元音发得轻短，后一个元音发得清晰响亮。

1. ia

发音时，[i] 表示舌位起始的地方，发得轻短，很快滑向舌面央低元音 [A]，[A] 发得长而响亮，例如"加价""假牙""压下"的韵母。

关于 ia 的发音示意图，详见图 5-6。

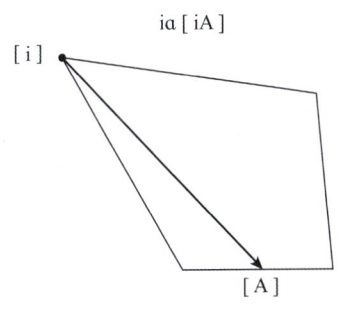

图 5-6　ia 的发音示意图

jiā	qià	xià	yā					
家	恰	下	压					
jiāyā	jiājià	qiàqià	xiàjià	xiàjiā	xiàyā	jiǎyá	xiàjià	
加压	加价	恰恰	下架	下家	下压	假牙	下嫁	

65

yāxià	yājià	yājià
压下	压价	鸭架

2. ie

发音时，先发〔i〕，很快舌位滑向〔ɛ〕，前音轻短，后音响亮，例如"结业""贴切""趔趄"的韵母。有些方言区会把"ie"发为单韵母"i"，把"爷爷"读成"姨姨"，"钢铁"读成"缸体"，这种发音偏误的纠正，要注意〔ɛ〕不能缺失。

关于 ie 的发音示意图，详见图 5-7。

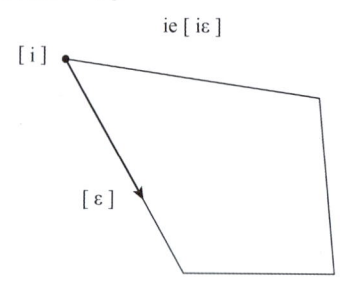

图 5-7　ie 的发音示意图

bié	piē	miè	diē	tiě	niē	liè	jié	qiě	xiě	yě
别	撇	灭	跌	铁	捏	列	杰	且	写	也

yéye	xièxie	diēdie	diéxiè	tiēqiè	tiěxié	jiějie	jiéyè
爷爷	谢谢	爹爹	蹀躞	贴切	铁鞋	姐姐	结业

tiěxiè	niètiě	lièqie	jièbié
铁屑	镍铁	趔趄	界别

3. ua

发音时，〔u〕念得轻短，很快滑向舌面央低元音〔A〕，〔A〕念得清晰响亮，例如"花褂""挂画"的韵母。

关于 ua 的发音示意图，详见图 5-8。

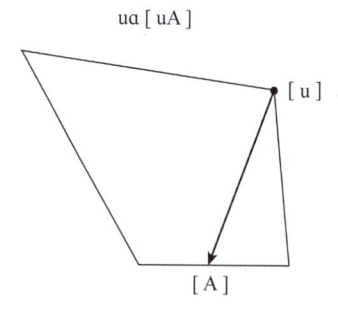

图 5-8　ua 的发音示意图

guà	kuà	huá	zhuā	shuā	wǎ
挂	跨	华	抓	刷	瓦

66

wáwa	guāhuā	guàhuà	huàhuà	huàshuā	shuǎhuá
娃娃	刮花	挂画	画画	画刷	耍滑

4. uo

发音时，[u] 念得轻短，舌位很快降到舌面后半高圆唇元音 [o]。[o] 清晰响亮，实际读音比国际音标 [o] 略低，例如"过错""活捉""阔绰"的韵母。

关于 uo 的发音示意图，详见图 5-9。

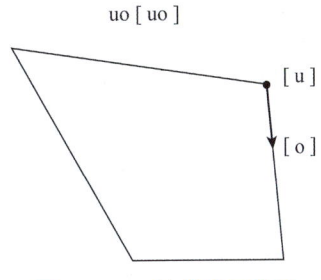

图 5-9　uo 的发音示意图

duō	tuō	nuò	luó	guō	kuò	huò	zhuō	chuō	shuō
多	拖	诺	罗	锅	阔	或	桌	戳	说
ruò	zuò	cuò	suǒ	wǒ					
若	作	错	所	我					
duòluò	duǒguò	tuōluò	nuòruò	luòzuò	nuówō	luóguō	luòtuo		
堕落	躲过	脱落	懦弱	落座	挪窝	罗锅	骆驼		
tuóluó	zuòzuo	zuòcuò	suǒzuò	huóluò	huǒguō	huózhuō	zhuóluò		
陀螺	做作	做错	所做	活络	火锅	活捉	着落		
zhuōhuò	zhuōzuò								
捉获	拙作								

5. üe

发音时，先发高元音 [y]，[y] 念得轻短，舌位很快降到舌面前半低元音 [ɛ]，[ɛ] 清晰响亮且略带圆唇色彩，例如"雀跃""决绝"的韵母。

关于 üe 的发音示意图，详见图 5-10。

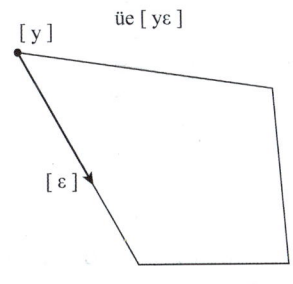

图 5-10　üe 的发音示意图

nüè	lüè	jué	què	xué	yuè
虐	略	觉	却	学	越

juéxué	juéjué	quèyuè	yuèquē	yuēluè
绝学	决绝	雀跃	月缺	约略

ie—üe

niè nüè	liè lüè	jié jué	qié qué	xiě xuě	yè yuè
聂—虐	列—略	节—绝	茄—瘸	写—雪	夜—月

lièjì nüèjí	lièwéi lüèwēi	qièshí quēshī	jiēwǔ juéwù
劣迹—疟疾	列为—略微	切实—缺失	街舞—觉悟

xiēxi xuéxí	cháoyě chāoyuè	jiéduì juéduì	qiángliè qiǎnglüè
歇息—学习	朝野—超越	结对—绝对	强烈—抢掠

qiézi quézi	chāoxiě cháoxué	xīnyè xīnyuè	yèhuì yuē·huì
茄子—瘸子	抄写—巢穴	新叶—新月	夜会—约会

（三）中响复韵母

中响复韵母共有 4 个：iao、iou、uai、uei。它们共同的发音特点是第一个元音轻短，最后一个元音含混，音值不太固定，只表示舌位滑动的方向，中间的元音清晰响亮。

1. iao

发音时，先发舌面前高不圆唇元音［i］，然后舌位降低至舌面后低元音［ɑ］，接着向舌面后高元音［u］的方向滑升，使三个元音结合成一个整体，例如"巧妙""小鸟""教条"的韵母。

关于 iao 的发音示意图，详见图 5-11。

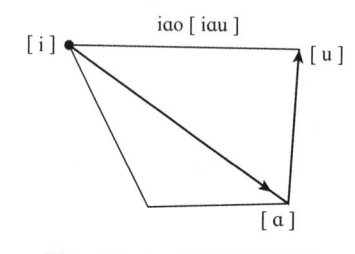

图 5-11　iao 的发音示意图

biǎo	piào	miǎo	diào	tiáo	niǎo	liào	jiào	qiáo	xiào
表	票	秒	掉	条	鸟	料	较	桥	笑

yào
要

biāodiào	piāomiǎo	piāoyáo	miǎobiǎo	miáotiao	miǎoxiǎo	miàoyào	diàodiao
标调	缥缈	飘摇	秒表	苗条	渺小	妙药	调调

diàoqiáo	diàoxiāo	tiàopiào	tiáoliào	tiáojiào	niǎoniǎo	niǎojiào	liàoqiào
吊桥	吊销	跳票	调料	调教	袅袅	鸟叫	料峭
liáoxiào	jiàotiáo						
疗效	教条						

2. iou

发音时，先发舌面前高元音［i］，紧接着向舌面后半高元音［o］的位置下降并后移，然后向高元音［u］的方向滑升。iou 前面加声母的时候，要省写成 iu，例如"优秀""求救""牛油"的韵母；iou 不跟声母相拼时，韵头 i 改写成 y，例如 you。

关于 iou 的发音示意图，详见图 5-12。

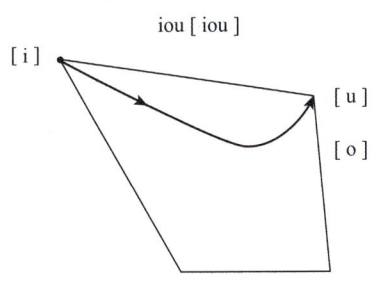

图 5-12　iou 的发音示意图

miù	diū	niú	liǔ	jiù	qiú	xiū	yǒu
缪	丢	牛	柳	就	求	修	有
diūqiú	niúyóu	liùjiù	liúyóu	qiúyǒu	jiǔyǒu	yōuyōu	jiùyǒu
丢球	牛油	六舅	流油	球友	酒友	悠悠	旧友
jiǔliú	jiùjiu	qiújiù	qiūyóu	xiùqiú	yōujiǔ	yōuxiù	yōuyóu
久留	舅舅	求救	秋游	绣球	悠久	优秀	悠游

3. uai

发音时，先发舌面后高圆唇元音［u］，接着舌位前移并下滑至舌面前低不圆唇元音［a］，然后向高元音［i］的方向滑动，例如"摔坏""外快"的韵母。

关于 uai 的发音示意图，详见图 5-13。

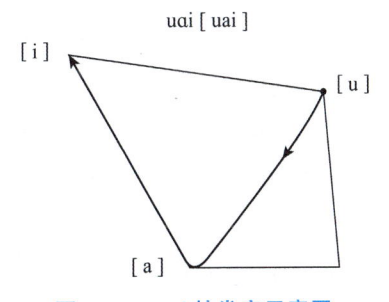

图 5-13　uai 的发音示意图

guài	kuài	huài	zhuài	chuāi	shuài	wài
怪	快	坏	拽	搋	帅	外
huáichuāi		chuàihuài		shuāihuài	wàikuài	guāiguāi
怀搋		踹坏		摔坏	外快	乖乖

4. uei

发音时，先发舌面后高圆唇元音［u］，舌位向前滑至舌面前半高不圆唇元音［e］，紧接着向高元音［i］的方向滑动。uei 前面加声母的时候，要省写成 ui，例如"退回""归队"的韵母；uei 不跟声母相拼时，韵头 u 改写成 w，例如 wei。

关于 uei 的发音示意图，详见图 5-14。

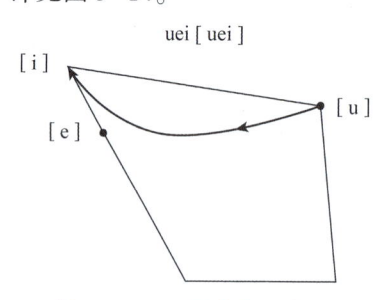

图 5-14　uei 的发音示意图

duì	tuī	guì	kuī	huì	zhuī	chuī	shuǐ	ruì	zuì
对	推	贵	亏	会	追	吹	水	瑞	最
cuī	suì	wěi							
崔	岁	尾							

duìguī	duìhuī	duìshuǐ	duìzuǐ	duìwèi	tuìduì	huìcuì	zuìkuí
队规	队徽	兑水	对嘴	对位	退队	荟萃	罪魁
tuìhuí	tuìshuì	tuīwěi	guīduì	huíguī	cuīwēi	huíkuì	huǐzuì
退回	退税	推诿	归队	回归	崔巍	回馈	悔罪
guīzuì	guǐsuì	kuìduì	kuìtuì	kuìhuǐ	huìduì	huítuì	
归罪	鬼祟	愧对	溃退	愧悔	汇兑	回退	

（四）复韵母混合训练

huǐhuài	měihǎo	wàibiǎo	huíjiā	yàoshuǐ	guójiā	jiějué	diéjiā
毁坏	美好	外表	回家	药水	国家	解决	叠加
dòujiǎo	sàipǎo	gàilóu	tóunǎo	chǒulòu	jiàoshòu	xiǎodào	zhuājiū
豆角	赛跑	盖楼	头脑	丑陋	教授	小道	抓阄
xiéxuē	yóutiáo	wěiyuán	jiǎoluò	wèilái	wàiguó	shǒubiǎo	jiǔlóu
鞋靴	油条	委员	角落	未来	外国	手表	酒楼

táiqiú	shuǐbēi	jiāoyǒu	yāoqiú	táozǒu	huāruǐ	kāihuì	kòutóu
台球	水杯	交友	要求	逃走	花蕊	开会	叩头
jiāoliú	guàizuì	gǎixiě	huǐgǎi	yāoqiú	péipǎo	yèpǎo	duìcuò
交流	怪罪	改写	悔改	要求	陪跑	夜跑	对错
fèiái	liúlèi	shòuruò	chóucuò	wēilóu	huáshuǐ	xiàlóu	yáoyè
肺癌	流泪	瘦弱	筹措	危楼	划水	下楼	摇曳
jiājié	yǎnglǎo	lèishuǐ	xiàoyǒu	jiāoxiū	xiàohua	duìcuò	lèibié
佳节	养老	泪水	校友	娇羞	笑话	对错	类别
huàxué	biǎodài	yóuhuà	tóunǎo	zāoshòu	bǎoliú	nèizài	jiǎoluò
化学	表带	油画	头脑	遭受	保留	内在	角落
méitóu	pèidài	páiléi	huíguó	guàkào	gāoxiào	yuèyě	kuīdài
眉头	佩戴	排雷	回国	挂靠	高校	越野	亏待
pèitào	jiāyóu	yāoqiú	nǎosuǐ	biǎojiě			
配套	加油	要求	脑髓	表姐			

（五）综合练习

1. 绕口令练习

顺序歌

太阳从东往西落，听我唱个顺序歌。
天上响雷轰隆隆，地上石头滚下坡。
江里鲤鱼不下蛋，山上骆驼不搭窝。
腊月寒冷打哆嗦，六月炎热直流汗。
妹照镜子手梳头，门外驴把口袋驮。
忽听门外人咬狗，拿起门来开开手。
拾起狗来打砖头，又被砖头咬了手。
从来不说颠倒话，口袋驮着骡子走。

打水漂

水瓢打水漂，水上漂着瓢。瓢在水上漂，水上有水瓢。

菠萝与陀螺

坡上长菠萝，坡下玩陀螺。坡上掉菠萝，菠萝砸陀螺。砸破陀螺补陀螺，顶破菠萝剥菠萝。

猫闹鸟

东边庙里有个猫，西边树梢有只鸟，猫鸟天天闹。不知是猫闹树上鸟，还是鸟闹庙里猫。

慢表

表慢，慢表，慢表慢半秒。慢半秒，拨半秒，拨过半秒多半秒。多半秒，拨半秒，拨过半秒少半秒。拨来拨去是慢表，慢表表慢慢半秒。

花鸭与彩霞

水中映着彩霞，水面游着花鸭。霞是五彩霞，鸭是麻花鸭。麻花鸭游进五彩霞，五彩霞网住麻花鸭。乐坏了鸭,拍碎了霞,分不清是鸭还是霞。

比腿

山前有个崔粗腿,山后有个崔腿粗。二人山前来比腿,不知是崔粗腿比崔腿粗的腿粗,还是崔腿粗比崔粗腿的腿粗。

哥挎瓜筐过宽沟

哥挎瓜筐过宽沟,过沟筐漏瓜滚沟。隔沟够瓜瓜筐扣,瓜滚筐空哥怪沟。

一葫芦酒

一葫芦酒,九两六;一葫芦油,六两九。六两九的油,要换九两六的酒;九两六的酒,不换六两九的油。

谁胜谁

梅小卫叫飞毛腿,卫小辉叫风难追。两人参加运动会,百米赛跑快如飞。飞毛腿追风难追,风难追追飞毛腿。梅小卫和卫小辉,最后不知谁胜谁。

抓蛤蟆

一个胖娃娃,抓了三个大花活河蛤蟆,三个胖娃娃,抓了一个大花活河蛤蟆。抓了一个大花活河蛤蟆的三个胖娃娃,真不如抓了三个大花活河蛤蟆的一个胖娃娃。

谢老爹和薛大爷

谢老爹在街上扫雪,薛大爷在屋里打铁。薛大爷见谢老爹在街上扫雪,忙放下手里打的铁,到街上帮谢老爹扫雪。谢老爹扫完了雪,进屋去帮薛大爷打铁。二人同扫雪,二人同打铁。

2. 短文练习

南瓜子豆腐和皂角仁甜菜

在云南腾冲吃了一道很特别的菜。说豆腐脑不是豆腐脑,说鸡蛋羹不是鸡蛋羹。滑、嫩、鲜,色白而微微带点浅绿,入口清香。这是豆腐吗?是的;但是用鲜南瓜子去壳磨细"点"出来的。很好吃。中国人吃菜真能别出心裁,南瓜子做成豆腐,不知是什么朝代,哪一位美食家想出来的!

席间还有一道甜菜,冰糖皂角米。皂角,我的家乡颇多。一般都用来泡水,洗脸洗头,代替肥皂。皂角仁蒸熟,妇女绣花,把绒在皂仁上"光"一下,绒不散,且光滑,便于入针。没有吃它的。到了昆明,才知道这东西可以吃。昆明过去有专卖蒸菜的饭馆,蒸鸡、蒸排骨,都放小笼里蒸,小笼垫底的是皂角仁,蒸得了晶莹透亮,嚼起来有韧劲,好吃。比用红薯、土豆衬底更有风味。但知道可以做甜菜,却是在腾冲。这东西很滑,进口略不停留,即入肠胃。我知道皂角仁的"物性",警告大家不可多吃。一位老兄吃得口爽,弄了一饭碗,几口就喝了。未及终席,他就奔赴厕所,飞流直下起来。

皂角仁卖得很贵,比莲子、桂圆、西米都贵,只有卖干果、山珍的大食品店才有得卖,普通的副食店里是买不到的。

近几年时兴"皂角洗发膏",皂角恢复了原来的功能,这也算是"以故为新"吧。

——节选自汪曾祺《草木春秋》

三、鼻韵母辨正训练

由一个或两个元音后面带上鼻辅音构成的韵母叫鼻韵母。鼻辅音在发音时具有由元音向鼻辅音滑动的动程,但要注意的是,这个发音过程不是元音和辅音的简单相加,而是由元音的发音状态向鼻辅音的发音状态滑动，鼻音逐渐加重，最后阻碍部位完全闭合形成。鼻韵母共有 16 个，分别是 an、ian、uan、üan 、en、in、uen、ün、ang、iang、uang、eng、ing、ueng、ong、iong。其中以"n"收尾的称为前鼻韵母，以"ng"收尾的称为后鼻韵母。

（一）前鼻韵母

1. an

发音时，先发起点元音舌面前低不圆唇元音［a］，然后软腭逐渐下降，舌尖向上齿龈移动，最后抵住上齿龈，发前鼻韵尾［n］，例如"感叹""灿烂"的韵母。

关于 an 的发音示意图，详见图 5-15。

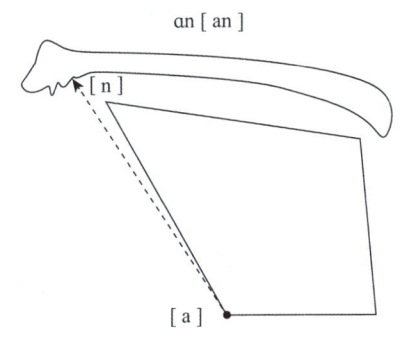

图 5-15　an 的发音示意图

bàn	pán	mǎn	fān	dān	tán	nán	lán	gān	kàn
办	盘	满	帆	担	谈	南	兰	甘	看
hán	zhàn	chǎn	shàn	rán	zàn	cán	sān	àn	
韩	战	产	善	然	暂	残	三	暗	
bànpán	bànfàn	bānlán	bāngàn	bànkān	bànshān	lángān	lǎnhàn		
半盘	拌饭	斑斓	班干	办刊	半山	栏杆	懒汉		
bàncán	bàn'àn	pāntán	pánchan	pánshān	Pān'ān	lánbǎn	lànmàn		
半残	办案	攀谈	盘缠	蹒跚	潘安	篮板	烂漫		
mànmàn	màntán	mángàn	mànzhǎn	mǎnshān	fānbǎn	nánchǎn	nán'àn		
慢慢	漫谈	蛮干	漫展	满山	翻版	难产	南岸		
fānpán	fǎntán	fànlàn	fànnán	fānkàn	fǎnzhàn	nánkàn	nánzhàn		
翻盘	反弹	泛滥	犯难	翻看	反战	难看	南站		
fānshān	fānrán	fān'àn	dànbān	dānfǎn	dànlán	nánnán	nánlán		
翻山	幡然	翻案	淡斑	单反	淡蓝	喃喃	男篮		
dāngàn	dǎnhán	àn'àn	dānchǎn	dànrán	tànbān	nánbàn	nándān		
单干	胆寒	暗暗	单产	淡然	探班	男伴	男单		

2. en

发音时，先发央元音［ə］，然后软腭逐渐下降，舌尖向上齿龈移动，抵住上齿龈发鼻

73

音［n］，例如"认真""根本"的韵母。

关于 en 的发音示意图，详见图 5-16。

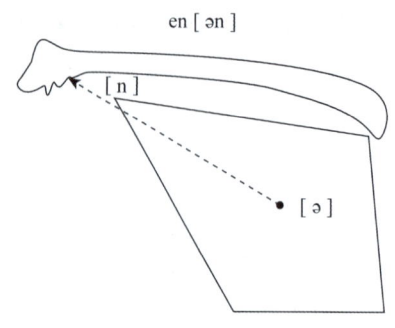

图 5-16　en 的发音示意图

běn	pén	mén	fèn	nèn	gēn	kěn	hěn	zhēn	chén
本	盆	门	份	嫩	根	肯	很	真	沉
shēn	rén	zěn	cén	sēn	ēn				
身	人	怎	岑	森	恩				

bēnmén	běnfèn	běnzhēn	běnshēn	běnrén	ménzhěn	ēnrén	zhēnběn
奔门	本分	本真	本身	本人	门诊	恩人	珍本
ménshén	fènmèn	fēnfēn	fěnnèn	fènhèn	fēnzhēn	rènshēn	sēnsēn
门神	愤懑	纷纷	粉嫩	愤恨	分针	妊娠	森森
fěnchén	gēnběn	hěnrén	zhēnshēn	zhēnrén	chénmèn	rénběn	rènzhēn
粉尘	根本	狠人	真身	榛仁	沉闷	人本	认真
shēnfèn	shēngēn	Shēnzhèn	shēnchén	shěnshèn	shènrén		
身份	申根	深圳	深沉	审慎	瘆人		

3. in

发音时，先发起点元音舌面前高不圆唇元音［i］，然后软腭逐渐下降，舌尖向上齿龈移动，抵住上齿龈发鼻音［n］，例如"拼音""尽心"的韵母。

关于 in 的发音示意图，详见图 5-17。

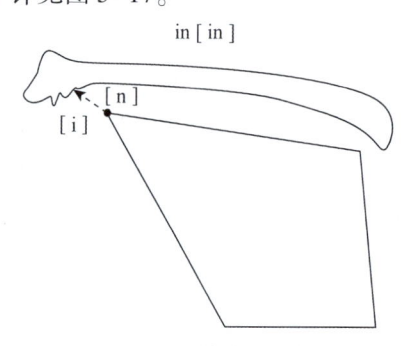

图 5-17　in 的发音示意图

bīn	pǐn	mín	nín	lín	jìn	qín	xìn	yīn
斌	品	民	您	林	进	琴	信	因
bīnbīn	bīnlín	pínmín	pìnjīn	pīnyīn	mínxīn	yīnxìn	yǐnyǐn	
彬彬	濒临	贫民	聘金	拼音	民心	音信	隐隐	
línjìn	línyīn	jǐnlín	jǐnjǐn	jìnqīn	jìnxīn	yǐnjìn	yīnqín	
临近	林荫	紧邻	仅仅	近亲	尽心	引进	殷勤	
jīnyín	qīnmín	qīnlín	qīnjìn	qīnxìn	qínyīn	xīnyīn	yīnpín	
金银	亲民	亲临	亲近	亲信	琴音	心音	音频	
xīnpǐn	xīnjīn	xīnqín	xìnxīn					
新品	薪金	辛勤	信心					

4. ün

发音时，先发起点元音舌面前高圆唇元音［y］，然后软腭逐渐下降，舌尖向上齿龈移动，抵住上齿龈发鼻音［n］，例如"均匀""军训"的韵母。

关于 ün 的发音示意图，详见图 5-18。

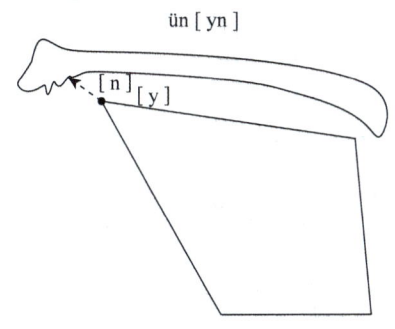

图 5-18　ün 的发音示意图

jūn	qún	xùn	yún		
军	群	训	云		
jūnxùn	jūnqún	jūnyún	qūnxún	yúnyún	
军训	菌群	均匀	逡巡	芸芸	

5. ian

发音时，先发轻短的舌面前高不圆唇元音［i］，然后舌位向下滑动到舌面前半低不圆唇元音［ɛ］，紧接着软腭逐渐下降，舌尖向上齿龈移动，抵住上齿龈发鼻音［n］，例如"偏见""先天"的韵母。

关于 ian 的发音示意图，详见图 5-19。

ian [iɛn]

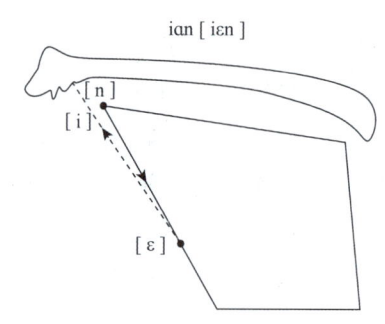

图 5-19　ian 的发音示意图

biàn	piàn	miàn	diǎn	tiān	nián	lián	jiàn	qián	xiān
便 yàn 验	片	面	点	天	年	连	见	钱	先
biàntiān 变天	biānnián 编年	biànliǎn 变脸	biānjiǎn 边检	biànqiān 变迁	biānyán 边沿	jiǎnliàn 简练	jiànjiàn 渐渐		
piànmiàn 片面	piāndiàn 偏殿	piānjiàn 偏见	piànqián 骗钱	piānxiǎn 翩跹	miánmián 绵绵	jiǎndiǎn 检点	jiǎnmiǎn 减免		
Miǎndiàn 缅甸	miǎntiǎn 腼腆	miǎnjiǎn 免检	miánqiān 棉签	miánxiàn 棉线	jiānxiǎn 艰险	liànyàn 潋滟	jiànbiàn 渐变		
miányán 绵延	diànpiàn 垫片	diànmiàn 店面	diànniàn 惦念	diànjiān 垫肩	diānxián 癫痫	liánxiàn 连线	liánlián 连连		
diǎnyán 碘盐	tiānbiān 天边	tiánjiān 田间	tiānqiǎn 天谴	tiānxiàn 天线	niánnián 年年	liànniàn 恋念	jiǎnyàn 检验		
niánjiǎn 年检	niánqián 年前	liánpiān 连篇	liǎnmiàn 脸面	qiánxiàn 前线					

6. uan

发音时，先发起始元音舌面后高圆唇元音 [u]，紧接着唇形展开并向舌面前低不圆唇元音 [a] 滑动，然后软腭逐渐下降，舌尖向上齿龈移动，抵住上齿龈发鼻音 [n]，例如"贯穿""转弯"的韵母。

关于 uan 的发音示意图，详见图 5-20。

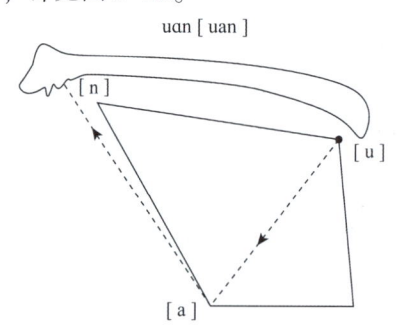

uan [uan]

图 5-20　uan 的发音示意图

duàn	tuán	nuǎn	luàn	guǎn	kuǎn	huán	zhuān	chuán	wán
段	团	暖	乱	管	款	环	专	船	完
shuān	ruǎn	zuān	cuàn	suàn					
栓	软	钻	窜	算					

duǎnkuǎn	duànwàn	tuántuán	luàncuàn	guānhuàn	guànchuān	ruǎnguǎn	suānruǎn
短款	断腕	团团	乱窜	官宦	贯穿	软管	酸软
huànguān	huǎnhuǎn	huànsuàn	zhuānduàn	zhuǎnnuǎn	zhuānkuǎn	chuánhuàn	ruǎnduàn
宦官	缓缓	换算	专断	转暖	专款	传唤	软缎
zhuǎnhuàn	zhuǎnwān						
转换	转弯						

7. üan

发音时，先发起始元音舌面前高圆唇元音［y］，紧接着唇形展开，舌位下滑至近低元音［æ］，然后软腭逐渐下降，舌尖向上齿龈移动，抵住上齿龈发鼻音［n］，例如"轩辕""全权"的韵母。

关于 üan 的发音示意图，详见图 5-21。

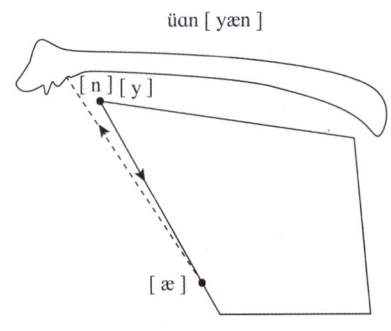

图 5-21 üan 的发音示意图

juān	quán	xuán	yuán		
捐	全	旋	元		
juānjuān	quánjuàn	quánxuǎn	quányuán	xuānyuán	yuánquán
涓涓	全卷	全选	全员	轩辕	源泉

8. uen

发音时，先发起始元音舌面后高圆唇元音［u］，然后唇形逐渐展开向央元音［ə］滑动，紧接着软腭逐渐下降，舌尖向上齿龈移动，抵住上齿龈发鼻音［n］。uen 前面加声母的时候，要省写成 un，例如"春笋""温存"的韵母；uen 不跟声母相拼时，韵头 u 改写成 w，例如 wen。

关于 uen 的发音示意图，详见图 5-22。

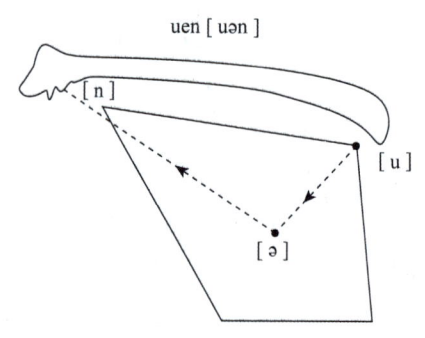

图 5-22　uen 的发音示意图

dùn	tún	lún	gǔn	kūn	hùn	zhǔn	chūn	shùn	rùn
顿	屯	轮	滚	昆	混	准	春	顺	润
zūn	cūn	sūn	wén						
尊	村	孙	文						

túncūn	Lúndūn	lùnwén	gǔnlún	kùndùn	kūnlún	chúnwén	wēnshùn
屯村	伦敦	论文	滚轮	困顿	昆仑	唇纹	温顺
hùndùn	hùnhun	chūnkùn	chūnsǔn				
混沌	混混	春困	春笋				

（二）后鼻韵母

1. ang

发音时，先发起点元音舌面后低不圆唇元音［ɑ］，紧接着软腭逐渐下降，舌头逐渐后缩，舌根抵住软腭，气流从鼻腔通过，发后鼻音［ŋ］，例如"厂房""沧桑"的韵母。

关于 ang 的发音示意图，详见图 5-23。

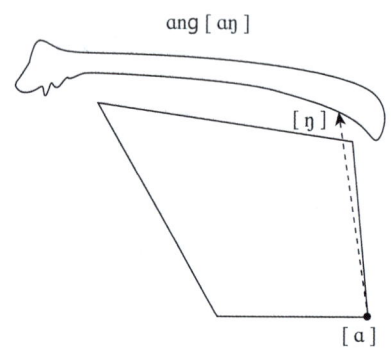

图 5-23　ang 的发音示意图

bāng	páng	máng	fāng	dāng	táng	náng	lǎng	gǎng	kāng
帮	旁	忙	方	当	堂	囊	朗	港	康
háng	zhāng	chāng	shàng	ràng	zāng	cāng	sāng	áng	
航	张	昌	上	让	脏	苍	桑	昂	

bāngmáng	fàngdàng	fāngtáng	fànglàng	fāngzhàng	sāngzàng	cāngfáng	cāngsāng
帮忙	放荡	方糖	放浪	方丈	丧葬	仓房	沧桑
fāngcāng	dāngtáng	zhāngláng	dǎngzhāng	tángláng	tángchǎng	cāngmáng	shàngcāng
方舱	当堂	蟑螂	党章	螳螂	糖厂	苍茫	上苍
tàngshāng	Lángfáng	làngdàng	lǎnglǎng	gānggāng	gāngcháng	shàngzhǎng	shāngchǎng
烫伤	廊坊	浪荡	朗朗	刚刚	肛肠	上涨	商场
kāngláng	hángdang	hángzhǎng	zhàngfáng	chǎngfáng	mángcháng	shàngtáng	shāngháng
闶阆	行当	行长	账房	厂房	盲肠	上膛	商行
chángláng	chǎngzhǎng	chángcháng	chǎngshāng	shàngbǎng	shàngfǎng	shàngdàng	
长廊	厂长	常常	厂商	上榜	上访	上当	

2. eng

发音时的起始元音大致在［ə］和［ʌ］之间，之后舌根向软腭移动，抵住软腭，气流从鼻腔通过，发后鼻音［ŋ］，例如"更正""生冷"的韵母。

关于 eng 的发音示意图，详见图 5-24。

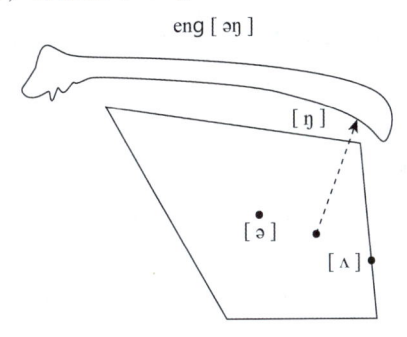

图 5-24　eng 的发音示意图

bēng	péng	mèng	fēng	dēng	téng	néng	lěng	gēng	kēng
崩	鹏	梦	风	灯	藤	能	冷	耕	坑
héng	zhèng	chéng	shēng	réng	zēng	céng	sēng		
横	政	程	生	仍	增	层	僧		
fēngzheng	fēngdēng	gēngzhèng	gēngshēng	lěngfēng	shēnglěng	shēngchéng	shèngsēng		
风筝	丰登	更正	更生	冷风	生冷	生成	圣僧		
fēngchéng	méngshēng	héngfēng	zhēngchéng	shěngchéng	zhēngfēng	zhěngfēng	fēngshèng		
封城	萌生	横风	征程	省城	争锋	整风	丰盛		
shēngténg									
生疼									

3. ing

发音时，先发起始元音舌面前高不圆唇元音［i］，然后软腭逐渐下降，舌头后缩，舌根抵住软腭，气流从鼻腔流出，发后鼻音［ŋ］，例如"定型""命令"的韵母。ing 自成

79

音节时，作 ying（英）。

关于 ing 的发音示意图，详见图 5-25。

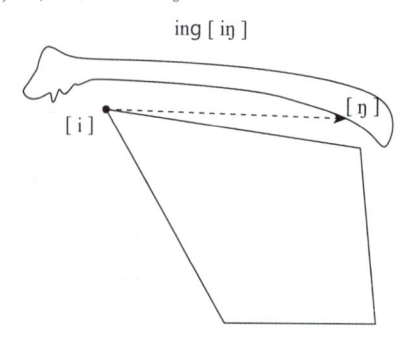

图 5-25　ing 的发音示意图

bìng	píng	míng	dìng	tīng	níng	líng	jìng	qǐng	xíng
病	萍	名	定	听	宁	灵	境	请	形

yǐng
影

píngdìng	píngjǐng	mìnglìng	bìngmíng	bīnglíng	bìngqíng	bǐngxìng	bīngyíng
评定	瓶颈	命令	病名	冰凌	病情	秉性	兵营
qīngmíng	míngxīng	mìngyìng	dīngníng	píngxíng	mìngmíng	mǐngdǐng	míngjìng
清明	明星	命硬	叮咛	平行	命名	酩酊	明镜
dīnglíng	dìngjīng	dìngqíng	dìngxíng	tīngpíng	níngjìng	lǐngbīng	lǐngmìng
叮铃	定睛	定情	定型	听凭	宁静	领兵	领命
língdīng	lǐngqíng	língxīng	jīngbīng	jīngmíng	jīngtíng		
伶仃	领情	零星	精兵	精明	经停		

4. ong

发音时的起始元音介于 [u] 和 [o] 之间，然后舌根抬高抵住软腭，气流从鼻腔流出，发后鼻音 [ŋ]，例如"工农""红松"的韵母。

关于 ong 的发音示意图，详见图 5-26。

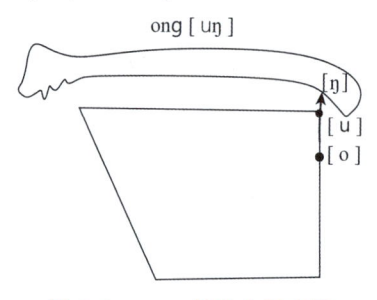

图 5-26　ong 的发音示意图

dōng	tōng	nóng	lóng	gōng	kōng	hóng	zhǒng	chōng	róng
东	通	农	龙	宫	空	红	肿	冲	荣

zōng	cóng	sòng					
宗	从	宋					
tóngzhōng	tōngróng	dònggōng	dòngzhōng	dòngróng	tǒngtǒng	tónggōng	tōnghóng
铜钟	通融	动工	洞中	动容	统统	童工	通红
lǒngtǒng	lónggōng	lóngzhòng	gòngtóng	nòngdǒng	nónggōng	nóngzhòng	lóngdōng
笼统	龙宫	隆重	共同	弄懂	农工	浓重	隆冬
gōngnóng	gōnggòng	gōngzhòng	gòngróng	gōngsòng	kōngdòng	kōngtǒng	kǒnglóng
工农	公共	公众	共荣	恭送	空洞	空桶	恐龙
kōngzhōng	Kǒngróng	hōngdòng	hóngtóng	hóngzhǒng	zhōngkòng		
空中	孔融	轰动	红铜	红肿	中控		

5. iang

发音时，先发起始元音舌面前高不圆唇元音［i］，然后舌位向后低元音［a］滑降，舌根抬高抵住软腭，气流从鼻腔流出，发后鼻音［ŋ］，例如"亮相""想象"的韵母。iang自成音节时，作yang（央）。

关于iang的发音示意图，详见图5-27。

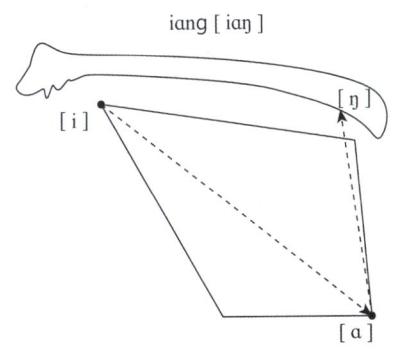

图 5-27　iang 的发音示意图

niáng	liàng	jiǎng	qiáng	xiàng	yáng		
娘	亮	讲	强	项	阳		
jiǎngxiàng	qiǎngliáng	niángniang	liǎngliàng	liángjiàng	liàngqiàng	liàngxiàng	liǎngyàng
奖项	抢粮	娘娘	两辆	良将	踉跄	亮相	两样
Xiāngjiāng	xiǎngxiàng	xiàngyáng	Yángjiàng	qiángjiàng	qiángxiàng	qiángyáng	xiǎngliàng
湘江	想象	向阳	杨绛	强将	强项	强阳	响亮
yángqiāng	yángxiàng						
洋枪	洋相						

6. iong

发音时，先发起始元音舌面前高圆唇元音［y］，然后舌根抬高抵住软腭，气流从鼻腔流出，发后鼻音［ŋ］，例如"汹涌""穷凶"的韵母。iong自成音节时，作yong（拥）。

关于 iong 的发音示意图，详见图 5-28。

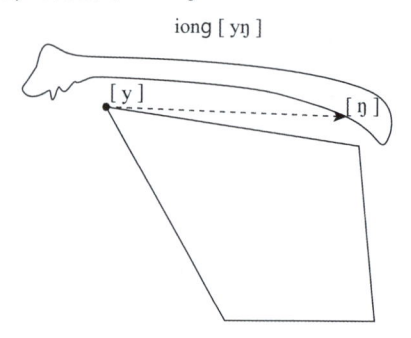

图 5-28　iong 的发音示意图

jiǒng　qióng　xióng　yòng
窘　　穷　　雄　　用

qióngqióng　xiōngyǒng　xióngxióng　jiǒngjiǒng
茕茕　　　汹涌　　　熊熊　　　炯炯

7. uang

发音时，先发起始元音舌面后高圆唇元音［u］，然后舌位向低元音［ɑ］滑降，紧接着舌根抬高抵住软腭，气流从鼻腔流出，发后鼻音［ŋ］，例如"状况""双簧"的韵母。uang 自成音节时，作 wang（汪）。

关于 uang 的发音示意图，详见图 5-29。

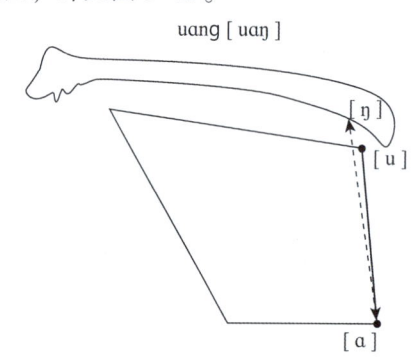

图 5-29　uang 的发音示意图

guāng　kuàng　huáng　zhuāng　chuáng　shuāng　wáng
光　　　矿　　　黄　　　庄　　　床　　　双　　　亡

guàngguang　kuàngkuang　kuàngchuáng　kuángwàng　huángguāng　zhuàngkuàng
逛逛　　　　框框　　　　矿床　　　　狂妄　　　　黄光　　　　状况

zhuānghuáng　chuángchuáng　chuǎngdàng　shuānghuáng　shuāngwáng　wàngguāng
装潢　　　　幢幢　　　　　闯荡　　　　双簧　　　　双亡　　　　忘光

wǎngzhuàng　wǎngwǎng
网状　　　　往往

8. ueng

发音时，先发起始元音舌面后高圆唇元音［u］，接着舌位向央元音［ə］滑降，紧接着舌根抬高抵住软腭，气流从鼻腔流出，发后鼻音［ŋ］。ueng 自成音节，不拼声母，写作 weng，例如"翁""瓮"。

关于 ueng 的发音示意图，详见图 5-30。

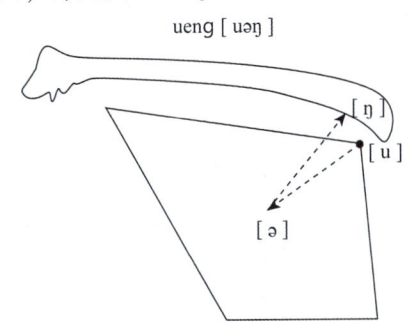

图 5-30 ueng 的发音示意图

wēngwēng
　嗡嗡

（三）前后鼻韵辨正

1. 分辨 an 和 ang

部分方言区分不清 an 和 ang，会出现 an、ang 混读的情况。要分清并读准这两个音，"a"的读音是关键：前鼻韵"an"中的"a"是一个舌面前低不圆唇元音［a］，发音时舌位靠前，舌尖抵住下齿背；后鼻韵"ang"的"a"是一个舌面后低不圆唇元音［ɑ］，发音时舌位靠后，舌头离开下齿背往后缩。

同时，我们可以利用形声字声旁的类推作用来记忆，如：
安 ān——按 àn　案 àn　胺 àn　氨 ān　鞍 ān　桉 ān
章 zhāng——彰 zhāng　障 zhàng　璋 zhāng　樟 zhāng　漳 zhāng　嶂 zhàng
辨正训练：
①an—ang

bān bāng	pán páng	mán máng	fàn fàng	dān dāng
班—帮	盘—旁	蛮—忙	饭—放	单—当
tán táng	nán náng	làn làng	gǎn gǎng	kàn kàng
谈—糖	男—馕	烂—浪	感—港	看—抗
hán háng	zàn zàng	cān cāng	sān sāng	zhàn zhàng
含—航	赞—藏	餐—舱	三—桑	站—帐
chǎn chǎng	shān shāng	rán ráng		
产—场	山—伤	然—瓤		
lànmàn làngmàn	fǎnwèn fǎngwèn	bānhuì bānghuì	bànjià bǎngjià	
烂漫—浪漫	反问—访问	班会—帮会	半价—绑架	

pànguān pángguāng	mánniú māngniú	fǎnfù fǎngfú	dānjià dāngjiā
判官—膀胱	蛮牛—牤牛	反复—仿佛	单价—当家
xīnfán xīnfáng	chǎnfáng chǎngfáng	shānkǒu shāngkǒu	chǎnshì chángshì
心烦—新房	产房—厂房	山口—伤口	阐释—尝试
hánxìng hángxíng	sānshí sàngshī	dānxīn dāngxīn	pànbiàn pángbiān
寒性—航行	三十—丧失	担心—当心	叛变—旁边

② an+ang

fǎngǎng	fǎnkàng	bānzhǎng	gānzàng	fánmáng	mǎntáng	màncháng	fàntáng
返岗	反抗	班长	肝脏	繁忙	满堂	漫长	饭堂
dàntāng	dǎnnáng	dāngàng	tànfǎng	fǎnháng	fǎncháng	fànshàng	dāndāng
蛋汤	胆囊	单杠	探访	返航	反常	犯上	担当
tǎndàng	tànzhǎng	nánfāng	cánzhàng	shàncháng	ránfàng	shāngǎng	shāngāng
坦荡	探长	南方	残障	擅长	燃放	山岗	山冈

③ ang+an

hángzhǎn	shāngfàn	hángbān	kàngzhàn	mángrán	pángrán	àngrán	hángcān
航展	商贩	航班	抗战	茫然	庞然	盎然	航餐
dàng'àn	bàngwǎn	Cháng'ān	ángrán	dāngrán	zhàngdān	fāng'àn	gāngbǎn
档案	傍晚	长安	昂然	当然	账单	方案	钢板
làngbǎn	chàngtán						
浪板	畅谈						

④ uan—uang

wán wáng	guǎn guǎng	kuān kuāng	huān huāng	zhuān zhuāng
玩—王	管—广	宽—筐	欢—慌	砖—装
chuán chuáng	shuān shuāng			
传—床	栓—双			

wánquán wángquán	guānchǎng guǎngchǎng	kuǎnshì kuàngshì	jīguān jīguāng
完全—王权	官场—广场	款式—旷世	机关—激光
zhuānmén zhuāngmén	chuántóu chuángtóu	wǎnnián wǎngnián	huānlè huāngle
专门—装门	船头—床头	晚年—往年	欢乐—慌了
dīwán dìwáng	guānxì Guǎngxī	fènghuán fènghuáng	zhuānyuán zhuāngyuán
滴丸—帝王	关系—广西	奉还—凤凰	专员—庄园

2. 分辨 en 和 eng

很多方言区不分 en 和 eng，常把"程"读作"陈"。这些方言区的人要分清 en 和 eng，一是要找准二者的发音区别，二是要记住哪些字发 en，哪些字发 eng。

en [ən] 的起始元音是央元音 [ə]，舌位居中，先发 [ə]，然后舌面前部向硬腭前部移动至 [n] 闭合；而 eng 的起始元音比 [ə] 靠后且比 [ə] 更低，介于 [ə] 和 [ʌ]

之间，发完起始元音后舌面后部向软腭移动至［n］闭合。发 eng 时要注意起始元音与 en 的不同，舌位更低（即开口度更大）且更靠后，不要用 en 的起始元音［ə］来发 eng。

在记哪些字的韵母是 en，哪些字的韵母是 eng 时，可以利用普通话声韵配合规律和形声字来记忆。

（1）舌尖中声母 d、t、n、l 不能和韵母 en 相拼（"嫩 nèn"是一个例外），如"等、灯、疼、腾、能、冷、棱"等韵母一定是 eng。

（2）利用形声字声旁的类推作用来记忆，如：

门 mén——们 men　闷 mèn　焖 mèn　扪 mén

曾 zēng——增 zēng　赠 zèng　憎 zēng　蹭 cèng　曾 céng

辨正训练：

①en—eng

bèn bèng	pén péng	mén méng	fēn fēng	nèn néng
笨—泵	盆—鹏	门—萌	分—风	嫩—能
gēn gēng	kěn kēng	hén héng	zhēn zhēng	chén chéng
跟—更	肯—坑	痕—横	真—蒸	陈—程
shēn shēng	rén réng	cén céng	sēn sēng	dèn dèng
身—生	人—仍	岑—层	森—僧	扽—邓
hěnjiǔ héngjiǔ	rénshēn rénshēng	dàpén dàpéng	ménshēng méngshēng
很久—恒久	人参—人生	大盆—大鹏	门生—萌生
fēnzhēng fēngzheng	nènlǐ nénglì	gēnhào gènghǎo	zhēnshí zhèngshí
纷争—风筝	嫩李—能力	根号—更好	真实—证实
xìngchén xìngchéng	hěnliáng héngliáng	rènzhēn rènzhèng	shēnsù shèngsù
姓陈—姓程	很凉—衡量	认真—认证	申诉—胜诉

②en+eng

hěnlěng	běnnéng	běnshěng	ménfèng	fènkēng	fēnchéng	fēnfēng	shēngēng
很冷	本能	本省	门缝	粪坑	分成	分封	深耕
zhēnchéng	shēncéng	zhēnzhèng	bēnténg	shénshèng	fēnzhēng	rénchēng	shénsēng
真诚	深层	真正	奔腾	神圣	纷争	人称	神僧

rénshēng

人生

③eng+en

chéngběn	chéngfèn	fēngchén	shèngrèn	zhèngmén	dēngmén	lěngmén	zhèng·rén
成本	成分	风尘	胜任	正门	登门	冷门	证人
chéngrèn	chéngrén	chéngkěn	shèngrén	chéngzhèn	chéngzhēn
承认	成人	诚恳	圣人	城镇	成真

3. 分辨 in 和 ing

很多前后鼻韵不分的方言区会将 in、ing 混读，主要表现为将"ing"读作"in"。这两个音的起始元音是相同的，都是舌面前高不圆唇元音[i]，且都是软腭下降，以鼻音结尾。区别在于"in"的韵尾是舌尖中音，发音结束时舌尖抵住上齿龈；"ing"的韵尾是舌根音，发音结束时舌根抵住软腭。

在记哪些字的韵母是in，哪些字的韵母是ing时，可以利用普通话声韵配合规律和形声字来记忆。

（1）舌尖中声母d、t、n、l不能和韵母in相拼（"您nín"是一个例外），如"订、顶、听、挺、宁、凝、零、另"等韵母一定是ing。

（2）利用形声字声旁的类推作用来记忆，如：

斤 jīn——近 jìn　靳 jìn　新 xīn　忻 xīn　欣 xīn　昕 xīn

青 qīng——请 qǐng　清 qīng　情 qíng　晴 qíng　氰 qíng　婧 jìng　静 jìng　精 jīng　靖 jìng

辨正训练：

①in—ing

bīn bīng	pín píng	mín míng	nín níng	lín líng
宾—冰	贫—瓶	民—名	您—宁	林—玲
jìn jìng	qín qíng	xīn xīng	yīn yīng	
近—静	琴—情	新—星	音—英	

②in+ing

mínbīng	mínjǐng	yīnyǐng	pǐnpíng	pīnmìng	pǐnmíng	pìnqǐng	pǐnxíng
民兵	民警	阴影	品评	拼命	品茗	聘请	品行
jǐnpíng	jìnlìng	jìnjǐng	jìnqíng	mínqíng	yīnyǐng	línxìng	jīnbīng
仅凭	禁令	近景	尽情	民情	阴影	临幸	金兵
jìnxíng	jīnyīng	Qínlǐng	qīnqíng	xīnbīng	xīnlíng	xīnjìng	xīnqíng
进行	金鹰	秦岭	亲情	新兵	心灵	心境	心情
xīnxíng	xīnyǐng	yīnpíng	yǐnlǐng	yǐnqíng	yínxìng		
新型	新颖	阴平	引领	隐情	银杏		

③ing+in

míngyīn	nǐngjǐn	bìngyīn	píngpìn	píngmín	píngxìn	míngpǐn	míngxīn
鸣音	拧紧	病因	评聘	平民	平信	名品	铭心
jīngpǐn	jīngxīn	jìngyīn	qīngpín	língmǐn	lǐngjīn	língqǐn	língyīn
精品	精心	静音	清贫	灵敏	领巾	陵寝	铃音
qīngjīn	qīngxīn	qīngyīn	xìnglín	xíngjìn	xǐngqīn	yíngbīn	yìngpìn
青筋	清新	清音	杏林	行进	省亲	迎宾	应聘
yíngqīn	yíngxīn	yǐngyìn					
迎亲	迎新	影印					

4. 分辨 eng 和 ong

很多方言区的人会将"崩 bēng"读成"bōng"，"彭 péng"读成"póng"，"风

fēng"读成"fōng","猛 měng"读成"mǒng",实际上普通话中双唇音和唇齿音是不和 ong 相拼的,也就是说 b、p、m、f 都不能与 ong 相拼,上述的这些错误音节,其韵母都应该是 eng。

beng——泵 bèng　甭 béng　崩 bēng　蹦 bèng　绷 bēng　蚌 bèng

peng——彭 péng　碰 pèng　鹏 péng　朋 péng　砰 pēng　捧 pěng　棚 péng　烹 pēng　澎 péng

meng——梦 mèng　猛 měng　萌 méng　蒙 méng　孟 mèng　盟 méng　懵 mēng　锰 měng

feng——风 fēng　冯 féng　凤 fèng　峰 fēng　疯 fēng　封 fēng　丰 fēng　锋 fēng　枫 fēng　奉 fèng

5. 分辨 ian、üan 和 in

有些方言会将 ian、üan 读成 in、ün,如果这个方言还有齐齿呼撮口呼混淆的问题,那么就会把 ian、üan 都读成 in。解决这个问题要注意 ian、üan 是由三个音素组成,与两个音素的 in、ün 不同,发音时不能遗漏其中的 a(在 ian 当中为[ɛ],üan 当中为[æ])。

辨正训练:

①ian—in

jiànjūn jìnjūn	jiǎnzhāng jǐnzhāng	liánjiē línjiē	liányè línyè
建军—进军	简章—紧张	连接—临街	连夜—林业
xiānxuè xīnxuè	pīnyīn piányi	qiānzì qīnzì	miánxīn mínxīn
鲜血—心血	拼音—便宜	签字—亲自	棉芯—民心
xiānjìng xīnjìng	xiànrèn xìnrèn	yánfèn yínfěn	yǎnjiàn yǐnjiàn
仙境—心境	现任—信任	盐分—银粉	眼见—引荐
qiánjìn qínjìn			
前进—秦晋			

②üan—ün

juànzi jùnzi	yuánlái yùnlái	xuānzhǐ xùnzhí	yuándàn yùndān
卷子—菌子	原来—运来	宣纸—殉职	元旦—运单
quàndǎo qúndǎo	quānzi qúnzi	quányǎn qúnyǎn	yuànfù yùnfù
劝导—群岛	圈子—裙子	泉眼—群演	怨妇—孕妇

(四) 前后鼻韵混合训练

xiànxiàng xiǎngxiàng	jiǎnlì jiǎnglì	qiǎnxiǎn qiǎngxiǎn	niànjiù niàngjiǔ
现象—想象	简历—奖励	浅显—抢险	念旧—酿酒
jiànrén jiàngrén	qiánliè qiángliè	xiǎnxiàng xiàngxiàn	qiánbian qiángbiān
贱人—匠人	前列—强烈	险象—象限	前边—墙边
qiánbì qiángbì	xiánqíng xiángqíng	xiānyàn xiāngyàn	yànzi yàngzi
钱币—墙壁	闲情—详情	鲜艳—香艳	燕子—样子

huāngluàn	fēngkuáng	xiànchǎng	xiànchàng	diǎndàng	yángguāng	yìnzhāng	qínggǎn
慌乱	疯狂	现场	献唱	典当	阳光	印章	情感
hánlěng	juǎnyān	cōnglóng	tōngyòng	diànjiān	qiányán	liàngguāng	biàntōng
寒冷	卷烟	葱茏	通用	垫肩	前言	亮光	变通
shēngmìng	lěngdàn	jīngcháng	fāngyán	diǎn·xīn	huānxīn	tiānrán	hànbàn
生命	冷淡	经常	方言	点心	欢欣	天然	汉办
cúnkuǎn	fēngchén	huāngluàn	diàndēng	míngxiǎn	shuāngcéng	zhòngxīn	chuānglián
存款	风尘	慌乱	电灯	明显	双层	重心	窗帘
mángrén	dǐngzhēn	zhǒngzhàng	hánsuān	hànjiān	lěngcáng	jǐngxiàng	qínfèn
盲人	顶真	肿胀	寒酸	汉奸	冷藏	景象	勤奋
miànfěn	xiànchéng	yǐngxiàng	yìngbiàn	jùnlǎng	huángjīn	jiàngxīn	jiǎngquàn
面粉	县城	影像	应变	俊朗	黄金	匠心	奖券
gōngchén	fǎngsòng	fángjiān	dòngyīn	dòngshāng	dēngguāng	chuángdān	chéngchǔ
功臣	仿宋	房间	动因	冻伤	灯光	床单	惩处
qìngdiǎn	chěngnéng	chángpiān	chángyuàn	biǎnguān	mìngdìng	niànjīng	qīngbiàn
庆典	逞能	长篇	场院	贬官	命定	念经	轻便
qúnshān	shàngcéng	shénjīng	shénshèng	sòngxíng			
群山	上层	神经	神圣	送行			

（五）综合练习

1. 绕口令练习

面铺面冲南

出前门，往正南，有个面铺面冲南，门口挂着蓝布棉门帘。摘了它的蓝布棉门帘，面铺面冲南，给它挂上蓝布棉门帘，面铺还是面冲南。

小陈和小沈

小陈去卖针，小沈去卖盆。俩人挑着担，一起出了门。小陈喊卖针，小沈喊卖盆。也不知是谁卖针，也不知是谁卖盆。

郑政和彭澎

郑政捧着盏台灯，彭澎扛着架屏风，彭澎让郑政扛屏风，郑政让彭澎捧台灯。

张康和詹丹

张康当董事长，詹丹当厂长，张康帮助詹丹，詹丹帮助张康。

陈庄程庄都有城

陈庄程庄都有城，陈庄城通程庄城。陈庄城和程庄城，两庄城墙都有门。陈庄城进程庄人，陈庄人进程庄城。请问陈程两庄城，两庄城门都进人，哪个城进陈庄人，程庄人进哪个城？

长城长

长城长，城墙长，长长长城长城墙，城墙长长城长长。

天上七颗星

天上七颗星，树上七只鹰，梁上七个钉，台上七盏灯。拿扇扇了灯，用手拔了钉，举枪打了鹰，乌云盖了星。

半边莲

半边莲，莲半边，半边莲长在山涧边。半边天路过山涧边，发现这片半边莲。半边天拿来一把镰，割了半筐半边莲。半筐半边莲，送给边防连。

杨家和蒋家

杨家养了一只羊，蒋家修了一道墙。杨家的羊撞倒了蒋家的墙，蒋家的墙压死了杨家的羊。杨家要蒋家赔杨家的羊，蒋家要杨家赔蒋家的墙。

王庄和匡庄

王庄卖筐，匡庄卖网，王庄卖筐不卖网，匡庄卖网不卖筐，你要买筐别去匡庄去王庄，你要买网别去王庄去匡庄。

军车运来一堆裙

军车运来一堆裙，一色军用绿色裙。军训女生一大群，换下花裙换绿裙。

圆圈圆

圆圈圆，圈圆圈，圆圆娟娟画圆圈。娟娟画的圈连圈，圆圆画的圈套圈。娟娟圆圆比圆圈，看看谁的圆圈圆。

老翁卖酒

老翁卖酒老翁买，老翁买酒老翁卖。

风吹帆船

大帆船，小帆船，竖起桅杆撑起船。风吹帆，帆引船，帆船顺风转海湾。

孙伦打靶

孙伦打靶真叫准，半蹲射击特别神，本是半路出家人，摸爬滚打练成神。

2. 诗歌练习

九月

——海子

目击众神死亡的草原上野花一片
远在远方的风比远方更远
我的琴声呜咽 泪水全无
我把这远方的远归还草原
一个叫木头 一个叫马尾
我的琴声呜咽 泪水全无

远方只有在死亡中凝聚野花一片
明月如镜 高悬草原 映照千年岁月
我的琴声呜咽 泪水全无
只身打马过草原

第六章 音变训练

第一节 变调训练

一、上声的变调

（一）变调规则

上声也就是第三声，其本调调值为214，变调规律如下：

1. 上声音节单念或在句尾时读本调214

máobǐ	gāngtiě	xīnkǔ	shūhuǎn	mùǎi	mùbǎn	zhēnbǎo	bàiběi
毛笔	钢铁	辛苦	舒缓	暮霭	木板	珍宝	败北
chíchěng	xiūchǐ	mùbiǎn	xiūbǔ	kāicǎi	lǜcǎo	shēngchǎn	bàochǎo
驰骋	羞耻	木匾	修补	开采	绿草	生产	爆炒
yōngdǔ	zhèngfǎn	chūfǎng	yúchǔn	áidǎ	kāidǎo	píngděng	fódiǎn
拥堵	正反	出访	愚蠢	挨打	开导	平等	佛典
kuānguǎng	cuīhuǐ	yànhuǒ	báijiǔ	jiéguǒ	dàhǎi	hūhǎn	xiōnghěn
宽广	摧毁	焰火	白酒	结果	大海	呼喊	凶狠
kàolǒng	xìnglǚ	qǔluǎn	gòumǎi	tiánměi	dàkǎi	kāikǒu	hánlěng
靠拢	姓吕	取卵	购买	甜美	大楷	开口	寒冷
niúnǎi	fēiniǎo	huínuǎn	yànpǐn	yànqǐng	kāisǎng	shēngměng	língmǐn
牛奶	飞鸟	回暖	赝品	宴请	开嗓	生猛	灵敏
jiéshěng							
节省							

2. 上声音节在阴平、阳平、去声、大部分轻声音节前读半上21（也记作211）

（1）上声+阴平：

| huǒchē | dǔchē | wǔzhuāng | niǎowō | huǒguō | chǔfāng | gǎnchāo | hěnxīn |
| 火车 | 堵车 | 武装 | 鸟窝 | 火锅 | 处方 | 赶超 | 狠心 |

90

shǎguā	shǎngguāng	kǔguā	kǒuqiāng	mǎbāng	qǔxiāo	rǔjiāo	sǎnguāng
傻瓜	赏光	苦瓜	口腔	马帮	取消	乳胶	散光
shuǐchē	sǐshāng	sǔnshāng	shěnpī	shǐguān	shǐzhōng	shǔqī	shǔguāng
水车	死伤	损伤	审批	史官	始终	暑期	曙光
tǐcāo	tiǎobō	tǒngchēng	tǔpī				
体操	挑拨	统称	土坯				

（2）上声+阳平：

jǔxíng	fǎngxué	pǐncháng	qǐchuáng	chǔfá	gǎnjí	hěndú	huǒchái
举行	访学	品尝	起床	处罚	赶集	狠毒	火柴
shǐjié	shǒují	kǒuqín	pǎoxié	rǒngcháng	shǎngshí	shěnchá	shěngchéng
使节	首级	口琴	跑鞋	冗长	赏识	审查	省城
tǎtái	tǎnbái	tǎofá	shǒuzú	shǔmíng	shuǐniú	sǐwáng	suǒpéi
塔台	坦白	讨伐	手足	署名	水牛	死亡	索赔
tǐfá	tǐngbá	tǒngchóu	tǔháo				
体罚	挺拔	统筹	土豪				

（3）上声+去声：

kǔlì	fǎnduì	kǎoshì	chǔzhì	gǎnlù	huǒjù	jǐnliàng	jǔzhòng
苦力	反对	考试	处置	赶路	火炬	尽量	举重
qǔjù	rǎnliào	kǒuzhào	liǎnmiàn	lǔwèi	mǎlì	nǔlì	pǎobù
曲剧	染料	口罩	脸面	卤味	马力	努力	跑步
shǎnyào	shǎngcì	shǎoliàng	rǎoluàn	rěhuò	rěnnài	rǔmà	sǎnmàn
闪耀	赏赐	少量	扰乱	惹祸	忍耐	辱骂	散漫
shǐmìng	shǒuhòu	shǒuxiàng	shǒujuàn	shěqì	shěnxùn	shěnglüè	shǐliào
使命	守候	首相	手绢	舍弃	审讯	省略	史料
shǔyì	shuǐbà	shuǐdào					
鼠疫	水坝	水稻					

（4）上声+轻声：

shǐhuan	huǒhou	kǒuqi	mǎhu	mǎimai	niǔnie	sǎozi	shǎzi
使唤	火候	口气	马虎	买卖	扭捏	嫂子	傻子
xǐhuan	dǎsuan	tǎnzi	ěrduo	yǎnjing	wǒmen	nǐmen	wěiba
喜欢	打算	毯子	耳朵	眼睛	我们	你们	尾巴
xiǎngtou	nǎozi	zěnme	tuǒdang	wǎnshang	zǎoshang	wěndang	xiǎnbai
想头	脑子	怎么	妥当	晚上	早上	稳当	显摆
lǎopo	nuǎnhuo	chǐzi	xiǎoqi	jiějie	nǎinai		
老婆	暖和	尺子	小气	姐姐	奶奶		

3. 上声音节与上声音节或部分原调为上声的轻声字相连，前一个音节读 35

（1）上声+上声：

qǔnuǎn	sǎnqǔ	shǎnduǒ	shǎoxǔ	shěnměi	shǐguǎn	shǐzǔ	shǒuguǎ
取暖	散曲	闪躲	少许	审美	使馆	始祖	守寡
tǐjiǎn	tǐngjǔ	shǒunǎo	shǒuzhǎng	shǒugǎo	shuǐcǎi	shuǐmǔ	gǔsuǐ
体检	挺举	首脑	手掌	手稿	水彩	水母	骨髓

（2）上声+部分原调为上声的轻声字：

xiǎngfa	dǎdian	xiǎojie	lǎoshu	zǒuzou	běnling	kěyi
想法	打点	小姐	老鼠	走走	本领	可以

4. 三个上声相连

三个上声相连，要根据其结构来具体处理。如为"单双格"（单音节+双音节）结构的，开头音节是被强调的逻辑重音，读为"半上+直上+全上"，即"21+35+214"，如"厂党委、党小组"；如为"双单格"（双音节+单音节）结构的，读为"直上+直上+全上"，即"35+35+214"，如"展览馆、选举法"。

单双格：

xiǎoliǎngkǒu	hǎozǒnglǐ	pǎobǎimǐ	yǒulǐxiǎng	wǎnwǔdiǎn	xiǎolǎohǔ
小两口	好总理	跑百米	有理想	晚五点	小老虎

双单格：

xǐzǎoshuǐ	hǔgǔjiǔ	yǒnggǎnzhě	lǐxiǎngměi	yǎngmǎchǎng	guǎnlǐzhě
洗澡水	虎骨酒	勇敢者	理想美	养马场	管理者

有些时候，一些"单双格"的开头音节不是逻辑重音，也可以按"35+35+214"的读法来读，例如"我演讲""选手表"。一些不易确定格式的三个上声相连，如"卡塔尔"等，则不强求一致。

（二）综合练习

方幌子

方幌子，黄幌子，方幌子是黄幌子，黄幌子是方幌子。晃动方幌子，是晃动黄幌子，晃动黄幌子，是晃动方幌子。

短跑组的女选手

省体委女子短跑组的女选手不仅擅长百米跑，还能在舞蹈小品辅导组的指导下，跟着舞曲表演玛祖卡舞。她们美丽的体态和完美的舞姿受到广泛好评，都说她们挺勇敢，紫孔雀公司还给予她们许多奖品。

二、"一"的变调

（一）变调规则

"一"的本调是阴平，调值为55，其变调规律如下（以下均标注变调）：

1. 单念或处在词句末尾时，作为序数表示"第一"时，读本调阴平 55

yī	shíyī	tǒngyī	zhuānyī	wànyī	qíyī	yīdiǎn
一	十一	统一	专一	万一	其一	一点

2. 在去声音节前变为阳平 35

yíbiàn	yíbìng	yícì	yíchù	yídìng	yígòng	yígài
一遍	一并	一次	一处	一定	一共	一概

3. 阴平、阳平、上声前，变为去声 51

（1）"一"+阴平

yìchē	yìbiān	yìduī	yìdāo	yìfāng	yìgēn
一车	一边	一堆	一刀	一方	一根

（2）"一"+阳平

yìtóu	yìshí	yìtiáo	yìtái	yìtóng	yìqí	yìqún
一头	一时	一条	一台	一同	一齐	一群

（3）"一"+上声

yìchǎng	yìqǐ	yìhuǒ	yìtǐ	yìzǎo	yìlǎn	yìkǒu	yìdiǎnr
一场	一起	一伙	一体	一早	一览	一口	一点儿

4. 嵌在重叠式动词之间，读为声调依稀可见的次轻声

kànyikàn	xiěyixiě	dúyidú	suànyisuàn	liànyiliàn	zhǎyizhǎ
看一看	写一写	读一读	算一算	练一练	眨一眨

（二）综合练习

1. 绕口令练习

一头牛

高高山上一头牛，两只犄角一个头，一个鼻子一张嘴，一条尾巴长后头。

数一数

山头立着一只虎，林中跑着一只鹿，路上走来一只猪，草中藏着一只兔，洞里出来一只鼠。一二三四五，虎鹿猪兔鼠。

嘴啃泥

你说一，我对一，一个阿姨搬桌椅，一个小孩儿不注意，绊一跟头，啃一嘴泥。

2. 正确读出下列"一"的调值

一心一意　一板一眼　一丝一毫　一五一十　一草一木
一针一线　一唱一和　一问一答　一起一落　一张一弛
一朝一夕　一长一短　一东一西　一上一下　一言一行

三、"不"的变调

（一）变调规则

"不"的本调是去声，调值为51。其变化规律如下（以下均标注变调）：

1. 在去声音节前调值变为 35

búdào	búbì	búbiàn	búcuò	búchàng	búyào	búbiàn	búduì
不到	不必	不便	不错	不畅	不要	不变	不对
búduàn	búdìng	búè	búfàng	búguò	búgòu		
不断	不定	不饿	不放	不过	不够		

2. "不"夹在动词或形容词之间,或夹在动词和补语之间时,读为声调依稀可见的次轻声

hǎobuhǎo	màibumài	zhǔnbuzhǔn	kànbuqīng	dǎbukāi	xiěbuxià
好不好	卖不卖	准不准	看不清	打不开	写不下

（二）综合练习

不怕不会

不怕不会,就怕不学装会。一回学不会,就再学一回。一直到真正学会,我就不信学不会。

四、去声的变调

关于普通话中两个去声相连时是否存在变调的问题,一种观点认为两个去声相连,前一个如果不是重读音节则变为半去声,即"53+51";另一种观点则认为,第一个音节不是音高变化,而是重音和音长的影响,认为前一个去声仍是 51 调,不过是个音强较弱、音长较短的 51 调,即"51+51"。但无论如何,两个去声相连时,前一个音节的音强和音长是明显弱于第二个音节的。

bànshì	kuàisù	hùzhù	dàhuì	zhùzuò	shìyàn	fènnù	xìnniàn
办事	快速	互助	大会	著作	试验	愤怒	信念
bàofèi	kùrè	diànhuà	xuèyè	shùnbiàn	mùtàn	diànshì	
报废	酷热	电话	血液	顺便	木炭	电视	

五、ABB 式的变调

（一）变调规则

ABB 式形容词的实际读音比较复杂,当"BB"本调不是阴平时,有些需要对"BB"进行变调,有些不能变调,还有一些则属于两可的情况。① 我们可以把其细分为以下三类。

（1）"BB"本调不是阴平必须变调为阴平的。如黄澄澄 huángdēngdēng、文绉绉 wénzhōuzhōu。

（2）"BB"本调不是阴平且读为本调的。如金灿灿 jīncàncàn、香馥馥 xiāngfùfù。

（3）"BB"既可以读本调也可在口语中变读阴平的。如沉甸甸 chéndiàndiàn（口语中也读 chéndiāndiān）、热腾腾 rèténgténg（口语中也读 rètēngtēng）。

所以,ABB 式形容词的变调没有明显规律,需要多读多记,不断积累。

---

① 以下拼音根据第七版《现代汉语词典》标注。

mínghuǎnghuǎng	hēiqūqū	máoróngróng	bái'ái'ái	nàorāngrāng
明晃晃	黑黢黢	毛茸茸	白皑皑	闹嚷嚷
guāngtūtū	hēimángmáng	gūlínglíng	huīméngméng	qìchōngchōng
光秃秃	黑茫茫	孤零零	灰蒙蒙	气冲冲
nuǎnróngróng	gānbābā			
暖融融	干巴巴			

hóngtóngtóng/hóngtōngtōng（斜线后表示口语中的另一种读法）
   红彤彤

luànpéngpéng/luànpēngpēng liàngtángtáng/liàngtāngtāng
   乱蓬蓬   亮堂堂

shīlùlù/shīlūlū shīlínlín/shīlīnlīn
  湿漉漉   湿淋淋

（二）综合练习

1. 绕口令练习

笑哈哈

打雷轰隆隆，下雨淅沥沥，小河哗啦啦，泉水咕噜噜，闹铃叮铃铃，时钟嘀哒哒。石头下山骨碌碌，小孩玩耍笑哈哈。

2. 短文练习

  这是入冬以来，胶东半岛上第一场雪。雪纷纷扬扬，下得很大。开始还伴着一阵儿小雨，不久就只见大片大片的雪花，从彤云密布的天空中飘落下来。地面上一会儿就白了。冬天的山村，到了夜里就万籁俱寂，只听得雪花簌簌地不断往下落，树木的枯枝被雪压断了，偶尔咯吱一声响。

  大雪整整下了一夜。今天早晨，天放晴了，太阳出来了。推门一看，嗬！好大的雪啊！山川、河流、树木、房屋，全都罩上了一层厚厚的雪，万里江山，变成了粉妆玉砌的世界。落光了叶子的柳树上挂满了毛茸茸亮晶晶的银条；而那些冬夏常青的松树和柏树上，则挂满了蓬松松沉甸甸的雪球儿。一阵风吹来，树枝轻轻地摇晃，美丽的银条和雪球儿籁籁地落下来，玉屑似的雪末儿随风飘扬，映着清晨的阳光，显出一道道五光十色的彩虹。

——节选自峻青《第一场雪》

六、AABB 式的变调

  这里的 AABB 式主要指 AABB 式形容词和拟声词，如"堂堂正正、叽叽喳喳"等，AABB 式的读音主要受"B"的声调影响。

  （1）当 AABB 式中的"AB"成词且"B"读轻声时，"BB"读为阴平，例如老老实实、客客气气、结结实实、模模糊糊、漂漂亮亮等。

  （2）无论"AB"是否成词，当"B"的声调为阴平时，"BB"读为阴平，例如轻轻松松、恍恍惚惚、隐隐约约、乒乒乓乓等。

  （3）无论"AB"是否成词，当"B"的本调非阴平时，"BB"读本调，例如朝朝暮暮、堂堂正正、三三两两等。

另外，关于 AABB 式中的第二个"A"是否应该读为轻声的问题，目前似乎并无统一标准，词典中"密密麻麻"的第二个"密"读轻声，"郁郁葱葱"的第二个"郁"则读本调。由此可见，AABB 式的读音在语言生活中往往有多种可能性与选择性，并无简单化一的规律。我们在遇到此类问题时，要多借助词典选择正确的读法。

第二节　轻声训练

一、什么是轻声

轻声不是普通话的一个独立调类，而是一种特殊的音变现象。由于轻声在口语中长期轻读，失去了原有的调值，所以听感上显得轻短而模糊。轻声的"轻"很容易让人理解为音强较弱，声音较小，实际上轻声音节主要是由音高和音长这两个因素决定的：从音高来看，轻声失去了原有的调值，变为轻声音节特有的音高形式；从音长看，轻声音节一般比正常音节短。同时，轻声的音色多少会发生变化，主要表现为韵母弱化、声母浊化等。

二、轻声的作用

轻声与语法、词汇有密切关系，有时具有区别词性和词义的作用，如：

地道 dìdào：名词；在地面下掘成的交通坑道（多用于军事）。

地道 dìdao：形容词；（1）真正是有名产地出产的。（2）真正的；纯粹。（3）（工作或材料的质量）实在；够标准。

精神 jīngshén：名词；（1）指人的意识、思维活动和一般心理状态。（2）宗旨；主要的意义。

精神 jīngshen：（1）名词；表现出来的活力。（2）形容词；活跃，有生气。（3）形容词；英俊，相貌、身材好。

人家 rénjiā：名词；（1）住户。（2）家庭。（3）指女子未来的丈夫家。

人家 rénjia：人称代词；（1）指自己或某人以外的人、别人。（2）指某个人或某些人，意思跟"他"或"他们"相近。（3）指"我"（有亲热或俏皮的意味）。

轻声还能够使语音产生抑扬顿挫、高低起伏的变化，使普通话语流产生音乐美。

三、轻声的规律

轻声分两类，一类是习惯轻声，一类是语法轻声。习惯轻声又叫固定轻声，指有一些词的末一音节要读轻声，例如休息 xiūxi、姑娘 gūniang 等，主要表现在一部分"老资格"的口语双音节词中，没有较强规律，方言区的学习者掌握起来有一定困难，需要多记多练。语法轻声多属功能性轻声，主要由词义虚化而产生，并在汉语语句中起到语法标记、区别词性和词义等语法功能。

与习惯轻声相比，语法轻声的规律性较强。

1. 结构助词"的、地、得"读轻声

我的　高兴地说　写得好

2. 动态助词"着、了、过"读轻声

看着　吃了　去过

3. 复数助词"们"读轻声

我们　你们　他们　同学们

4. 语气助词"啊、吗、吧、呢、嘛、的"等读轻声

难啊　行吗　走吧　说你呢　不会就学嘛　好的

5. 名词后缀"子、头、巴"等读轻声

桌子　椅子　馒头　拳头　嘴巴　尾巴

6. 重叠式复合词的后一语素读轻声

姐姐　哥哥　妈妈　爸爸　星星

7. 动词的重叠形式的后一个音节读轻声

看看　走走　说说　试试

8. 动词后面的趋向动词"来、去"常读轻声

进来　出去　上去　下来

9. 方位名词或方位短语中的"上、下、里、边"常读轻声

地上　底下　家里　左边

四、轻声的调值

轻声的变调是根据前一个音节的调值决定的，而不管后一个音节原调调值是多少，也就是说，它们的实际调值要依靠前一个音节的声调来确定。固定读轻声的结构助词、语气词等也不例外。很多普通话学习者在读轻声时的偏误主要有二：一是误将轻声理解为"声音小"，从而把轻声处理为音强较弱的音节。但从实验语音学研究结果来看，音强在辨别轻重音方面的作用较小，轻声音节的"轻短模糊"更多是心理作用。二是误将轻声读为第一声，如"苗条"读作 miáotiāo，"头发"读作 tóufā。

总的来说，普通话轻声调值主要有以下两种形式。

（一）在阴平、阳平、去声后音高下降

1. 阴平+轻声（调值为 2）

bāzhang	bānzi	bāofu	bēizi	biānzi	bōnong	dōngxi	dīngzi
巴掌	班子	包袱	杯子	鞭子	拨弄	东西	钉子
cāngying	chāishi	chēzi	chēnghu	chuānghu	cūnzi	dāla	dōngjia
苍蝇	差事	车子	称呼	窗户	村子	耷拉	东家
dāying	dānzi	dānge	dānwu				
答应	单子	耽搁	耽误				

2. 阳平+轻声（调值为 3）

báijing	bízi	cáizhu	cháihuo	chízi	chóngzi	chútou	liángshi
白净	鼻子	财主	柴火	池子	虫子	锄头	粮食
chuízi	ézi	fúqi	háma	hétao	héshang	liángkuai	léizhui
锤子	蛾子	福气	蛤蟆	核桃	和尚	凉快	累赘
hétong	huópo	hútu	késou				
合同	活泼	糊涂	咳嗽				

3. 去声+轻声（调值为 1）

àiren	ànzi	bàba	màizi	mùtou	mùjiang	niàndao	xiàba
爱人	案子	爸爸	麦子	木头	木匠	念叨	下巴
piànzi	piàoliang	qìngjia	rènshi	sàozhou	shàoye	shìgu	shìzi
骗子	漂亮	亲家	认识	扫帚	少爷	世故	柿子
shìqing	suìshu	tàitai	tèwu	suànji			
事情	岁数	太太	特务	算计			

（二）在上声后的轻声音节表现为较高的平调或微升调

上声+轻声（调值为 4）

wǒmen	xiǎoqi	xiǎozi	yǎnjing	yǎnghuo	yǐzi	zěnme	sǎngzi
我们	小气	小子	眼睛	养活	椅子	怎么	嗓子
zhǎba	zhěntou	zhǒngzi	zhǔzi	zǔzong	zuǐba	shǐhuan	qǔzi
眨巴	枕头	种子	主子	祖宗	嘴巴	使唤	曲子
shǎzi	shǒushi	shuǎngkuai	tǎnzi	tuǒdang	wěiqu	gǔtou	nǚxu
傻子	首饰	爽快	毯子	妥当	委屈	骨头	女婿
wěndang	lǎba	lǎma	lǐngzi	mǎhu	mǎtou	mǎimai	nǐmen
稳当	喇叭	喇嘛	领子	马虎	码头	买卖	你们
nǎodai	nǎozi						
脑袋	脑子						

五、综合练习

屋里有箱子

屋子里有箱子，箱子里有匣子，匣子里有盒子，盒子里有镯子。镯子外面有盒子，盒子外面有匣子，匣子外面有箱子，箱子外面有屋子。

红孩子和黄孩子换鞋子

红孩子穿双黄鞋子，黄孩子穿双红鞋子。红孩子用黄鞋子换黄孩子的红鞋子，黄孩子用红鞋子换红孩子的黄鞋子。红孩子穿上了红鞋子，黄孩子穿上了黄鞋子。红孩子和黄孩子，换过鞋子乐滋滋。

捏泥

于琳琳，爱捏泥，揉揉泥，团团泥。捏了一只小狐狸，又捏七只小小鸡。小狐狸、小小鸡，全都送给小弟弟。

扇扇子

没风要扇扇子，有风不扇扇子。不扇扇子没风，扇扇子时有风。不扇扇子有风，扇扇子也有风。

日头和舌头

天上日头，嘴里舌头，地上石头，桌上纸头，手掌指头，天上日头。

姥姥问姥姥

老姥姥问姥姥，姥姥老问老姥姥。麻妈妈问妈妈，妈妈老问麻妈妈。

第三节　儿化训练

一、什么是儿化

普通话的儿化现象主要由词尾"儿"变化而来。词尾"儿"本是一个独立的音节，由于口语中处于轻读的地位，长期与前面的音节流利地连读而产生音变，"儿"（er）失去了独立性，"化"到前一个音节上，只保持一个卷舌动作，使两个音节融合成为一个音节，前面音节里的韵母或多或少地发生变化，这种语音现象就是"儿化"。这种带有卷舌色彩的韵母称作"儿化韵"。另外，儿化韵和儿字自成音节是不同的，要注意区分，如"花儿 huāér"和"花儿 huār"。-r 是儿化韵的形容性符号，表示的是卷舌动作，不能将其作为一个音素或音节看待。

二、儿化的作用

儿化韵有一定的语用功能，主要表现在构词和修辞两方面。一方面，在构词上，儿化韵可以区别不同词性、词义或派生同类词，如：

塞（动词）　　　塞儿（名词）

画（动词）　　　画儿（名词）

尖（形容词）　　尖儿（名词）

活（形容词）　　活儿（名词）

沿（介词）　　　沿儿（名词）

火星（名词；太阳系八大行星之一）　　火星儿（名词；极小的火）

另一方面，在修辞上，儿化能够体现人物的言语风格，以及附有指小、表爱的色彩。普通话有相当多的词在需要附加上述功能时，都可以儿化。当然，在不需要负载上述功能时，就不会儿化。

三、儿化的音变规律

儿化音变的基本性质是使一个音节的主要元音带上卷舌色彩，儿化韵的音变条件取决于韵腹元音是否便于发生卷舌动作。关于儿化的音变规律，详见表6-1。

表 6-1　儿化的音变规律简表

韵母特点	儿化韵发音要领	示例
无韵母或韵尾是 u（即韵母中最后一个元音是 a、o、e、ê、u）	直接加卷舌动作	号码儿　斜坡儿　模特儿　半截儿　媳妇儿
韵尾是 i、n	丢掉韵尾，在发韵腹的同时卷舌	小孩儿　拐弯儿
韵腹是 i、ü	卷舌时在 i、ü 后面加一个 [ə]	玩意儿　毛驴儿
韵腹是 -i [ɿ]、-i [ʅ]	卷舌时把 -i [ɿ]、-i [ʅ] 变为 [ə]	鱼刺儿　树枝儿
韵尾是 ng	卷舌时丢掉韵尾 ng，韵腹鼻化	小熊儿　蛋黄儿

a > ar	dāobàr 刀把儿	hàomǎr 号码儿	xìfǎr 戏法儿
ai > ar	míngpáir 名牌儿	xiédàir 鞋带儿	húgàir 壶盖儿
an > ar	kuàibǎnr 快板儿	lǎobànr 老伴儿	suànbànr 蒜瓣儿
ang > ar	xiāngchángr 香肠儿	guārángr 瓜瓤儿	yàofāngr 药方儿
ia > ar	diàojiàr 掉价儿	yīxiàr 一下儿	dòuyár 豆芽儿
ian > ar	xiǎobiànr 小辫儿	zhàopiānr 照片儿	shànmiànr 扇面儿
iang > iar	bíliángr 鼻梁儿	tòuliàngr 透亮儿	huāyàngr 花样儿
ua > uar	nǎoguār 脑瓜儿	dàguàr 大褂儿	máhuār 麻花儿
uai > uar	yīkuàir 一块儿		
uan > uar	cháguǎnr 茶馆儿	fànguǎnr 饭馆儿	huǒguànr 火罐儿
uang > uar	dànhuángr 蛋黄儿	dǎhuàngr 打晃儿	tiānchuāngr 天窗儿
üan > üar	yānjuǎnr 烟卷儿	shǒujuànr 手绢儿	chūquānr 出圈儿
ei > er	dāobèir 刀背儿	mōhēir 摸黑儿	bǎobèir 宝贝儿

en > er	lǎoběnr 老本儿	huāpénr 花盆儿	sǎngménr 嗓门儿
eng > er	gāngbèngr 钢镚儿	jiāfèngr 夹缝儿	bǎndèngr 板凳儿
ie > ier	bànjiér 半截儿	xiǎoxiér 小鞋儿	shùyèr 树叶儿
üe > üer	dànjuér 旦角儿	zhǔjuér 主角儿	pèijuér 配角儿
uei > uer	pǎotuǐr 跑腿儿	yīhuìr 一会儿	mòshuǐr 墨水儿
uen > uer	dǎdǔnr 打盹儿	pàngdūnr 胖墩儿	shālúnr 砂轮儿
ueng > uer	xiǎowèngr 小瓮儿		
-i（前）> er	guāzǐr 瓜子儿	shízǐr 石子儿	méicír 没词儿
-i（后）> er	mòzhīr 墨汁儿	jùchǐr 锯齿儿	jìshìr 记事儿
i > i：er	zhēnbír 针鼻儿	diàndǐr 垫底儿	dùqír 肚脐儿
in > i：er	yǒujìnr 有劲儿	sòngxìnr 送信儿	jiǎoyìnr 脚印儿
ing > i：er	huāpíngr 花瓶儿	dǎmíngr 打鸣儿	túdīngr 图钉儿
ü > ü：er	máolǘr 毛驴儿	xiǎoqǔr 小曲儿	tányúr 痰盂儿
ün > ü：er	héqúnr 合群儿		
e > er	mótèr 模特儿	dòulèr 逗乐儿	chànggēr 唱歌儿
u > ur	suìbùr 碎步儿	méipǔr 没谱儿	xífur 媳妇儿
ong > or	guǒdòngr 果冻儿	méndòngr 门洞儿	hútòngr 胡同儿
iong > ior	xiǎoxióngr 小熊儿		

ao > aor	hóngbāor 红包儿	dēngpàor 灯泡儿	bàndàor 半道儿
iao > iaor	yúpiāor 鱼漂儿	huǒmiáor 火苗儿	pǎodiàor 跑调儿
ou > our	yīdōur 衣兜儿	lǎotóur 老头儿	niántóur 年头儿
iou > iour	dǐngniúr 顶牛儿	zhuājiūr 抓阄儿	miánqiúr 棉球儿
uo > uor	huǒguōr 火锅儿	zuòhuór 做活儿	dàhuǒr 大伙儿
o > or	ěrmór 耳膜儿	fěnmòr 粉末儿	

四、综合练习

小兰儿上庙台儿

有个小孩儿叫小兰儿，挑着水桶上庙台儿，摔了一个跟头捡了个钱儿。又打醋，又买盐儿，还买了一个小饭碗儿。小饭碗儿，真好玩儿，没有边儿没有沿儿，中间儿有个小红点儿。

练字音儿

进了门儿，倒杯水儿，喝了两口儿运运气儿，顺手儿拿起小唱本儿，唱一曲儿，又一曲儿，练完了嗓子我练嘴皮儿，绕口令儿，练字音儿，还有单弦牌子曲儿，小快板儿，大鼓词儿，越说越唱我越带劲儿。

第四节　"啊"的音变训练

一、"啊"的音变规律

"啊"作叹词使用时读本音"a"，作语气助词放在句末时则会产生音变，具体音变规律如下：

（1）在 u、ao、iao 后，读 wa，例如：
栽树啊，好啊，要啊，姓鲁啊……
（2）在 n 后，读 na，例如：
难啊，恨啊，您啊……
（3）在 ng 后，读 nga，例如：
凉啊，冷啊，柠檬啊……
（4）在 zhi、chi、shi、ri、er 后，读 ra，例如：
纸啊，吃啊，是啊，节日啊，支持了一点儿啊……

(5) 在 zi、ci、si 后，读 [za]，例如：

写字啊，背单词啊，撕啊……

(6) 其他情况（即在 a、o、e、ê、i、ü 后）读 ya，例如：

他啊，收货啊，唱歌啊，姓李啊，吃鱼啊……

二、综合练习

学习普通话

这次学习普通话啊，认识了很多同学啊，学习了很多知识啊，普通话越来越好啊，觉得很高兴啊，也希望考试能得到好成绩啊！

一块儿

鸡呀，鸭呀，猫哇，狗哇，一块儿水里游哇！

牛哇，羊啊，马呀，骡呀，一块儿进鸡窝呀！

狼啊，虫啊，虎哇，豹哇，一块儿街上跑哇！

兔哇，鹿哇，鼠哇，孩儿啊，一块儿上窗台儿啊！

张果老

啪、啪、啪，谁呀？张果老啊！怎么不进来啊？怕狗咬啊！衣兜里兜着什么啊？大酸枣啊！怎么不吃啊？怕牙倒啊！胳肢窝里夹着什么啊？破棉袄啊！怎么不穿上啊？怕虱子咬啊！怎么不叫你老伴儿拿拿啊？老伴儿去得早啊！你怎么不哭啊？盒儿啊，罐儿啊，我的老伴儿啊！

第七章 词的轻重格式

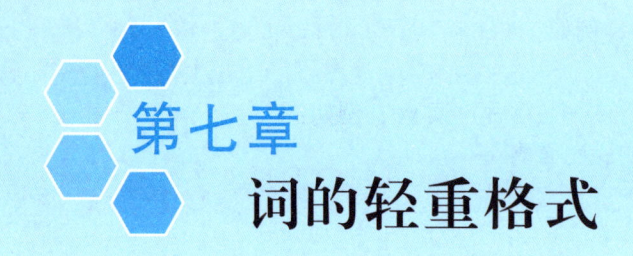

第一节 什么是轻重格式

普通话是声调语言，音节富有轻重变化，但这些轻重格式只调节词语的韵律节奏，增强语言的自然度，不能改变词语的意义，不是语言学意义上的词重音，与一些语言中依靠改变轻重音位置来区分词义是不同性质的（如英语中的 converse 由于重音位置的移动有 con′verse 和 ′converse 两种不同读法，分别表示"交谈"和"相反的"两个意思）。人们念复音词时，并不是对其中的各个音节平均用力的，因此音节的轻重不相同。发音时用力大，音量就大，音节的音就重些，反之就轻些。虽然从现代语音实验和感知听辨实验的结果来看，普通话词的轻重格式较为复杂，与声调组合和语音环境等因素密切相关，但总的来看，还是有一些基本规律可循的。

我们一般把普通话词的轻重音细分为四个等级，即重音、中音、次轻音、最轻音[①]。

重音即词的重读音节。普通话中双音节、三音节、四音节词处在末尾的音节大多读作重音。重音音节一般情况下不产生变调，例如：拼音、冰激凌、展览馆、二氧化碳。

中音是既不强调重读也不特别轻读的一般音节，又称为"次重音"。例如：汽车、出版、语法。

次轻音比"中音"略轻，声调受到影响，调值不稳定，但调形的基本特征仍然依稀可辨，声母和韵母没有明显变化。例如：老虎、诗人、战士、男子、看一看、去不去、西红柿、无线电、慌慌张张。

最轻音是特别轻读的音节。比正常重读音节的音长短得多，完全失去原调调值，重新构成自己特有的调值。韵母或声母往往发生明显变化。最轻音音节就是普通话的轻声音节，绝大多数出现在双音节词中，且在双音节词中只出现在后一个音节。例如：椅子、眼睛、苗条。

[①] 宋欣桥编著《普通话语音训练教程》，商务印书馆，2017，第288页。关于轻重格式，还有一种常见的分法是"轻中重"，即短而弱的音节称为"轻"，长而强的音节称为"重"，介于二者之间的称为"中"。

第二节　普通话词的轻重格式

一、单音节词的轻重格式

普通话的单音节词一般重读，只有少数读作最轻音或次轻音。读作最轻音的主要是一些助词，如：快走吧！还有一些方位短语中的"上、下、里、边、面"等和趋向动词"来、去"可读作次轻音，如：书桌上、房屋里、买来、拿去等。

二、双音节词的轻重格式

（一）中+重

这是普通话双音节词最常见的一种轻重格式，绝大多数双音节词读为"中音+重音"的形式，也就是将重读放在后一个音节上，如研究、科学、教学、语文、教师、培训等。

（二）重+次轻

前一个音节重读，后一个音节比"中音"略轻，声调受到影响，但调形的基本特征仍然依稀可辨，声母和韵母没有明显变化。这类词语的后一个音节多为轻读，偶尔也可以重读，调值不太稳定。这一类的词，大多在注音时标注原调，但是在可两读的音节前标注圆点，如舍得 shě·dé、那里 nà·lǐ、地上 dì·shàng、客人 kè·rén 等。但也有一些可两读的词语在词典中没有明确标注，如制度 zhìdù，这就需要我们在平时的学习过程中注意区分、积累以及训练语感。

（三）重+最轻

这就是我们平时所说的必读轻声词语，即前一个重读，后一个读最轻音，又分为习惯轻声和语法轻声两类，如眼睛、爱人、班子、柴火等。

三、三音节词的轻重格式

（一）中+次轻+重

第一个音节读中音；第二个音节的调值不太稳定，语速较慢的情况下保持原调，语速正常或较快时则会产生变调，读次轻音；最后一个音节则读为重音。绝大部分三音节词是此类型的轻重格式，如普通话、西红柿、巧克力、垃圾袋等。

（二）中+重+最轻

这类格式有些是双音节词"重+最轻"前加一个修饰性或限定性成分，如小畜生、老大爷、臭豆腐等；还有一些是"中+重"式双音节词后面加一个词缀，如同学们、老师们等。

（三）重+最轻+最轻

这类格式数量较少，多为"重+最轻"格式双音节词后加一个词缀，如孩子们、娃娃们等。

（四）中+最轻+重

这类格式多为一个"重+最轻"的轻声词语加一个词根构成，如糊涂蛋、老婆饼等。

四、四音节词的轻重格式

中+次轻+中+重

这是四音节词最常见的一种轻重格式，包括四字成语也多为此类读法，如丰衣足食、日积月累、五光十色、鹤发童颜、起承转合、二氧化碳等。

当然，以上所说的轻重格式是相对的，所谓"重音"也称之为"正常重音"（赵元任，1979），其实指的是把它当作单音节那样正常读就行了，不能以为重读就是要重重地、用力地读，那样只会矫枉过正，适得其反。同样，所谓的"轻"也只是弱化而非脱落甚至明显"吃字"。正如周殿福（1980）所提出的那样，将轻读音节保留原来的韵母，可以保证表达信息的清晰度，如"老子"读成 lǎozi，不能读成北京话里典型的轻声样貌 lǎoze。

五、词的轻重格式训练

（一）中+重

zìrán	rìcháng	jiāotōng	lǐngyù	huángjīn	bìlǜ	shídài	jiǎrú
自然	日常	交通	领域	黄金	碧绿	时代	假如
yānhuǒ	fǎngfú	bǎoguì	rénshēng	lǐlùn	bōlàng	yǎnbiàn	tuǒxié
烟火	仿佛	宝贵	人生	理论	波浪	演变	妥协
guójiā	huódòng	jiézòu	chuīyān	jiāxiāng			
国家	活动	节奏	炊烟	家乡			

（二）重+次轻

fù·qīn	guān·xì	jìn·lái	guò·qù	tài·yáng	cōng·míng	wèi·dào	wèi·zhì
父亲	关系	进来	过去	太阳	聪明	味道	位置
chǐ·cùn	jià·qián	cán·jí	mō·suǒ				
尺寸	价钱	残疾	摸索				

（三）重+最轻

dòufu	bāngzi	bàngchui	cáifeng	cāngying	chǐzi	dìfang	dòngtan
豆腐	梆子	棒槌	裁缝	苍蝇	尺子	地方	动弹
jiàshi	jiàohuan	dùzi	fángzi	gēge	gǔtou	guīnü	hánhu
架势	叫唤	肚子	房子	哥哥	骨头	闺女	含糊
jiǎozi	jieshi	lánzi	lóngzi	luóbo			
饺子	结实	篮子	笼子	萝卜			

（四）中+次轻+重

shōuyīnjī	hūxīdào	jūwěihuì	dǎngzhībù	guójìgē	biànzhèngfǎ
收音机	呼吸道	居委会	党支部	国际歌	辩证法
fǎxīsī	hùshēnfú	nígǔdīng	jìshēngchóng	lǐjiělì	liúshuǐxiàn
法西斯	护身符	尼古丁	寄生虫	理解力	流水线
Báilándì	gāojiǎobēi	qiǎokèlì	jìnwèijūn	pínkùnxiàn	jiànzhùwù
白兰地	高脚杯	巧克力	禁卫军	贫困线	建筑物

（五）中+重+最轻

xiǎohuǒzi	lǎotóuzi	mìnggēnzi	màiguānzi	shānhétao	húluóbo
小伙子	老头子	命根子	卖关子	山核桃	胡萝卜
xiǎogūniang	diàosǎngzi	dāobàzi	dǎbǎizi	liǎngkǒuzi	yìnggǔtou
小姑娘	吊嗓子	刀把子	打摆子	两口子	硬骨头
guòrìzi	míngbǎizhe	lāguānxi	chòujiàzi	tánghúlu	hǎoyìsi
过日子	明摆着	拉关系	臭架子	糖葫芦	好意思

（六）重+最轻+最轻

háizimen	gūniangmen	wáwamen	nǎinaimen	yéyemen	shūshumen
孩子们	姑娘们	娃娃们	奶奶们	爷爷们	叔叔们
guàibude	hēxiaqu				
怪不得	喝下去				

（七）中+最轻+重

lìzigāo	mógutāng	niángjiarén	yēzizhī	shǒushihé	shuǎngkuairén
栗子糕	蘑菇汤	娘家人	椰子汁	首饰盒	爽快人
táozipí	yànziwō	zhīmahù	zuǐbatián	shìzibǐng	shíliuhóng
桃子皮	燕子窝	芝麻糊	嘴巴甜	柿子饼	石榴红

（八）中+次轻+中+重

wǔguāng-shísè	tiānzāi-rénhuò	qiānglín-dànyǔ	qízhuāng-yìfú
五光十色	天灾人祸	枪林弹雨	奇装异服
shèhuìzhǔyì	jítǐjīngjì	Bālígōngshè	Àolínpǐkè
社会主义	集体经济	巴黎公社	奥林匹克
huāhǎo-yuèyuán	fānjiāng-dǎohǎi		
花好月圆	翻江倒海		

第八章 朗读短文训练

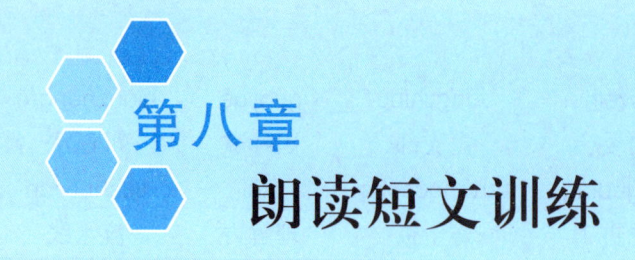

第一节 朗读简介

一、什么是朗读

朗读，就是清晰响亮地把文章念出来，是把文字作品转化为有声语言的创作活动。"所谓朗读，是指把诉诸视觉的文字语言转化为诉诸听觉的有声语言的活动。朗，是说声音的清澈响亮；读，就是读书、念文章。朗读，也可以叫诵读、读书，就是诵书的意思。"[1] 但是，这一将文字语言转化为有声语言的过程，绝不是简单的"念字"，它不是见字发音，不是没有轻重音、没有节奏、没有情感变化、没有抑扬顿挫地按字读出声即可。叶圣陶先生曾指出："有很多地区，小学里读语文课本还是一字一拍的，这根本不成语言了。中学里也往往不注意读，随口念一遍，就算是读了，发音不讲究，语调不揣摩，更不用说表出逻辑关系，传出神情意态了。这是不能容忍的。"[2] 朗读，更多地是要求朗读者在充分理解文意的基础上，清晰、响亮地将作品读出来，除了注重语音的标准之外，还要注重语调、语气、节奏、态度、情感的表达。好的朗读，不仅仅依靠朗读者的普通话标准程度，还要求朗读者对文本进行深入思考和理解，并且具备一定的朗读技巧，能够进行声音的控制、节奏的把握、语调的变化和情感的表达，甚至还要注意与听众的沟通和交流，将文字中的思想、情感、意境等通过声音表达出来，使听众能够感受到文字所蕴含的魅力。

在朗读的过程中，不仅可以提升普通话语音标准度和清晰度，感受普通话音节中的声母、韵母、声调的性质和特点，还能锻炼发声能力，体会音高、音强、音长、音质在发声中的不同作用，学会呼吸控制、口腔控制等，使咬字器官互相配合，发出清晰有力、圆润明朗的语音，使作品中的文字符号鲜活生动起来。同时，朗读的过程也是朗读者和作者情感共鸣的过程。作者通过文学作品的创作，将自己的人生经验、思想感悟、情感经历等以文字的形式呈现出来，朗读者则结合自己的理解和感受，对作品进行有声语言的再创造。这种跨越时空的交流，不仅使朗读者与作者进行了思想的对话，同时也作为桥梁，将

---

[1] 张颂：《朗读学》，中国传媒大学出版社，2010，第6页。
[2] 叶圣陶，《广播工作和语言规范化》，《叶圣陶语文教育论集》下册，教育科学出版社，1980年，第656页。

作者的思想情感传达给了听众。因此，朗读不仅仅是对文字的简单发声，更是一种通过声音来传达文字所蕴含的情感、意境和深层含义的创造性表达，是一门有声语言的艺术。

二、朗读的基本要求

（一）发音准确、清晰自然

发音准确是朗读的基本要求，只有把音节发准，才能正确传达作品的意义和情感。发音准确不仅指音节即声母、韵母和声调的准确发音，还包括对形近字、多音字、语流音变等语音现象的正确处理。

发音的准确性直接影响到信息的传递和理解。汉字中有很多字因为字形相近、一字多音、发音复杂而易被读错。朗读者只有发音准确，使听众清晰地听到每一个音节，才能准确地理解作品的内容。如果发音不准确，就可能导致听众对作品的理解产生偏差，甚至产生误解。比如字形相近的"稗"与"裨"，"己""已"与"巳"，"祟"与"崇"，"炙"与"灸"，"卷"与"券"，"概"与"慨"，"栗"与"粟"，等等。多音字的例子，比如"重（zhòng/chóng）""和（hé/hè/huó/huò/hú）""差（chā/chà/chāi/chài/cī）""薄（báo/bó/bò）""乐（lè/yuè/lào）"等。读音复杂的例子，比如将王维的《鹿柴》中的"柴 zhài"读成了 chái，将"莘莘学子"读成了 xīnxīnxuézǐ，将"自怨自艾"读成了 zìyuànzìài 等。这些现象在古诗词朗读中尤为明显。例如下面这些易读错的诗句：

戍鼓断人行，边秋一雁声。——杜甫《月夜忆舍弟》

戍【shù】：指军队防守，常被误读为"戍 xū"或"戍 wù"。

划却君山好，平铺湘水流。——李白《陪侍郎叔游洞庭醉后三首》

划【chǎn】：通"铲"，意为削、平。不读"huá（划）"。

灵山多秀色，空水共氤氲。——张九龄《湖口望庐山瀑布泉》

氤氲【yīn yūn】：烟气、烟云弥漫的样子。不读"yīnwēn"。

云想衣裳花想容，春风拂槛露华浓。——李白《清平调·其一》

槛【jiàn】：指栏杆的意思。不读"kǎn"。在这首诗中，槛指的是栏杆，而非门槛。

绿蚁新醅酒，红泥小火炉。——白居易《问刘十九》

醅【pēi】：没滤过的酒。不读"péi"。

惟有绿荷红菡萏，卷舒开合任天真。——李商隐《赠荷花》

菡萏【hàn dàn】：未开的荷花。不读"hándān"。

水光潋滟晴方好，山色空蒙雨亦奇。——苏轼《饮湖上初晴后雨二首·其二》

潋滟【liàn yàn】：形容水波荡漾的样子。不读"liǎnyǎn"。

桃花流水窅然去，别有天地非人间。——李白《山中问答》

窅【yǎo】：幽深遥远的样子。不读"liǎo"。

西塞山前白鹭飞，桃花流水鳜鱼肥。——张志和《渔歌子·西塞山前白鹭飞》

鳜【guì】：鳜鱼。不读"juē"。

江南好，风景旧曾谙。——白居易《忆江南》

谙【ān】：熟悉。不读 yīn。

为了达到发音准确的要求，朗读者需要具备扎实的普通话语音基础，熟悉普通话的发音部位、发音方法和语音特点，通过大量的练习和模仿来纠正自己的发音偏误，提高自己的发音水平。同时，还应多阅读、多积累，增加文学修养、丰富文化知识。

（二）语句流畅 停连得当

语句流畅是指在朗读中保持语句的顺畅、自然和快慢适当。要达到语句流畅，恰当的停连是首要的。朗读不等于读字词。朗读是一种语流的表达，在语流中，适当的停顿是必要的，可以用于强调重点、表达情感、读准语义、改换气息等，但停顿的位置和时长需要仔细把握，既不能破坏语义，也不能破坏顺畅度，有时还要求"气收声断而意不断"。要实现朗读的流利，应该做到：

一是要熟悉文本，扫清字词障碍，对文本内容有清晰的把握。

二是语速适中，虽然不同文体不同内容对语速的要求不一致，但总的来说都不能过快或过慢，过快听众难以听清听懂，过慢则使人感觉拖沓，失去聆听的兴趣。

三是注意停顿，这既包括停顿的位置，也包括停顿的时长，同时要避免不必要的停顿和重复，保持朗读的连贯性，例如："一边在心里盘算着怎样向他解释清楚他们之间的差别"不能读为"一边在心里盘算着怎样向他解释/清楚他们之间的差别"。

（三）理解作品 忠于原文

朗读虽然是对文本进行的有声语言的再创造，但不等于朗读者可以任意改动朗读内容。朗读者应该准确、完整地传达文本的原意，不随意添加、删减、歪曲文本内容。若非必要，应该尊重原文的用词和句式表达，准确传达作者的原意。

（四）情感饱满 层次丰富

朗读时，情感的传达是非常重要的。朗读的文体不同、内容不同，情感的表达方式也应该有所不同。对于悲伤的内容，可以使用低沉、缓慢的语调；对于喜悦的内容，可以使用明亮、轻快的语调；对于严肃的内容，可以使用冷静、平缓的语调；对于温暖的内容，可以使用柔缓、平和的语调；对于愤懑的内容，可以使用慷慨、激扬的语调。同时，还可以通过面部表情、手势等体态语来增强朗读的情感表达。

三、什么是普通话水平测试朗读短文项

普通话水平测试中的朗读短文是为了"测查应试人使用普通话朗读书面作品的水平。在测查声母、韵母、声调读音标准程度的同时，重点测查连读音变、停连、语调以及流畅程度"（《普通话水平测试实施纲要》，2021年版）。测试短文从普通话水平测试用朗读作品中选取，并以朗读作品的前400个音节（不含标点符号和括注的音节）为限进行评分。

从以上测试目的和评分标准来看，普通话水平测试归根结底是要测查应试人的普通话规范程度、熟练程度，其中"规范程度"是第一位的。也就是说，普通话水平测试朗读短文项更多地是考查应试人的普通话标准程度而非艺术技巧，与朗诵、演讲等有明显区别。也正是从这个角度考量，我们在进行普通话水平测试专门训练时，也应更多着眼于"发音标准"，切忌过分夸张、矫揉造作，过于追求艺术化和风格化。

第二节 PSC朗读短文项应试准备

一、了解测试要求

朗读是把书面语言转变为有声语言的一种再创作活动。普通话水平测试中的朗读测试短文共50篇，这项测试测查的是应试者使用普通话朗读400个音节（不含标点符号和括注音节）的书面作品的水平。要求应试者在朗读时，能够做到以下几点：

1. 语音标准

要读准音节的声母、韵母、声调、音变。尽可能避免出现声母和韵母的系统性语音缺陷。《普通话水平测试大纲》规定每错一个音节扣0.1分；出现声母或韵母系统性的语音缺陷，视程度扣0.5分、1分。

2. 感情贴切

普通话水平测试的朗读材料都有着丰富的内涵，要求应试者把握好作品的基调，在朗读过程中自然流露出真挚贴切的情感。

3. 吐字清晰

朗读测试时发音要有一定力度和时值，每个音节都要到位。不能含混，出现"滑音"现象，否则将影响字音的准确程度，被判为语音错误。

4. 自然流畅

朗读测试要求测试者停连得当、语速适中。读起来断断续续、一字一拍、语速过慢、回读句子或词语都会影响流畅程度。在测试时，如果出现朗读不流畅（包括回读）的现象，视程度扣0.5分、1分、2分。

二、熟悉文本材料

1. 把握作品背景及主题

应试者要把作品准确地表现出来，在朗读前应先了解作品创作的背景和作品表现的主题，这样才能恰当地理解作品。

2. 扫清朗读障碍

在考试前，应清除障碍，把生字、生词的准确读音标注出来，搞清楚文中的语句、成语典故的含义，切忌望文生义，自以为是。

3. 反复朗读作品

朗读要以文字底稿为依据，普通话水平测试的朗读测试应遵循限定的文本材料。如果对文本材料不熟悉，在测试时可能会出现读错、增读、漏读等情况，所以应试者应当在测试之前反复朗读作品，尽最大可能熟悉作品。

第三节　PSC 朗读短文项常见问题及解决策略

一、常见问题

（一）随意增字、漏字、改字、颠倒

《普通话水平测试实施纲要》朗读项评分标准规定：每错 1 个音节，扣 0.1 分；漏读或增读 1 个音节，扣 0.1 分。因此，我们在 400 个音节的朗读过程中，除了注意语音标准度，还应注意严格按照原文进行朗读，不增字、漏字、改字或颠倒。比如下面这段话："要知道，一个科学家在攻克科学堡垒的长征中，失败的次数和经验，远比成功的经验要丰富、深刻得多。失败虽然不是什么令人快乐的事情，但也决不应该因此气馁。"如果我们将其读为："要知道，在一个科学家攻克科学堡垒的长征之中，失败的次数和经验，远比成功经验要丰富、深刻得多。失败虽并不是什么令人快乐的事，但也决不应因此而气馁。"原意未变且语义通畅，但是细数一下就有 1 处颠倒、6 个字增读或漏读。因此我们不能想当然地用自己的理解对原文进行改读，而是应该严格按照测试内容进行朗读。

（二）语调偏误

语调是指说话时语音高低轻重快慢的配置，表示一定的语气和情感，是朗读时高低、强弱、虚实、长短的综合表现形式。在普通话水平朗读测试中，除了方言语调、民族语调带来的声调错误外，还有两种突出的问题：一是一成不变的"电脑语音播报式"朗读；一是过分夸张的"矫揉造作式"朗读。

"电脑语音播报式"朗读突出表现为见字读音，缺乏变化，无论朗读的内容和表述的情感如何，都是一成不变的语调和语气，没有轻重音、语速、语调、节奏、语气的适当处理，感觉是在听电脑进行呆板的语音播报。"矫揉造作式"朗读则是另外一个极端，对朗读内容进行艺术化处理时没有把握好度，忽视作品内容，把情感一味地放大夸张，其突出表现为拉腔拖调的"唱读"，将每句话的末字拖长上扬。朗读中注入一定的情感是对的，因为只有在适当情感的引领下，才能理顺文意、体会作品，最终做到自然流畅地朗读作品，但是无视作品内容一味抒情或过分夸张，演出痕迹太重，比如用表演的语调来朗读科普类作品，显然是不恰当的。

（三）停连不当

停连不当不仅会破坏节奏、文势，甚至会影响文义，造成歧义。在朗读项的测试中，部分考生由于不熟悉作品、不理解句义、紧张等原因，常出现停连不当的情况。如将"在千门万户的世界里的我能做些什么呢？"读成"在千门万户的世界里/的我能做些什么呢？"；将"接着向露出牙齿、大张着的狗嘴扑去"读成"接着向露出牙齿、大张着的狗/嘴扑去"；将"到处呈现出一片衰草连天的景象"读成"到处呈现出一片衰草/连天的景象"；等等。另外，考生在读一些长句时，由于换气时机处理不当，也易将句子"读破"。

（四）字词化朗读

朗读不连贯，把句子分解为一个个词甚至一个个字，从而忽略轻重音、停连、节奏

等，这一现象的出现一方面是过分追求语音标准，希望将每一个字都完整清晰地发出来，甚至有些受测者将第二题读词语的应试方法带到了第三题朗读短文，将每一个句子末尾的第三声都发得非常完整；另一方面则是由于长久以来的不良朗读习惯造成的，独自一人读出"齐读"的感觉。实际上，朗读短文的对象是语意连贯的篇章，除了读准语音外，还要注意语气、语调、停连、重音、节奏的协调，切不可将其拆解得支离破碎，毫无美感。

（五）语速不当

朗读项限时 4 分钟，即 4 分钟内完成 400 个音节的朗读，这个时间限制是非常宽裕的，从测试情况来看，极少有考生会因朗读超时而扣分。不过朗读时不要因为时间充裕而语速过慢，因为读得太慢，一字一顿或一词一顿，极易出现前文所说的"字词化"现象。但读得太快也会影响音值的准确性，出现发音含混、吐字不清晰，甚至"吞字"的情况。如果对作品不熟悉而又读得太快，还易出现停连不当、读错后反复回读的情况。

（六）忽视语流音变

普通话常见的语流音变有上声音变、轻声、"啊"的音变等，其中最容易让人忽视的是"啊"的音变，尤其是方言中没有"啊"的音变的方言区，表现更为明显。如"是啊"中的"啊"应该读"ra"；"孩子们是多么善于观察这一点啊！""你看，张择端画的画，是多么传神啊！"中的"啊"应该读"na"；"在它看来，狗该是多么庞大的怪物啊！""太阳他有脚啊！""为什么偏白白走这一遭啊？"中的"啊"应该读"wa"等。

（七）朗读不流畅、回读

有些人朗读时习惯回读，有时是因为语速太快读错内容，有时是对作品不熟悉读错停连等，但大多数是因为读错了字音想回读纠正。然而在普通话水平测试中，朗读的流畅度也是考查的重要内容，如果频繁回读，会影响流畅度进而影响得分。

二、解决策略

（一）熟读文本，理解文意

没有受过专业训练的人，极少能在首次阅读一篇文章的时候将其流畅地朗读出来，只有充分阅读、把握文意，才能在此基础上进行流利朗读，也才能正确断句，避免停连不当及回读。2023 年 4 月 1 日起正式施行的《普通话水平测试规程》明确普通话水平测试采用计算机辅助测试，取消备测环节。这就要求考生尽量在参加考试之前提前熟读文本，做好充分准备，这样才能扫清字词障碍，避免语流不畅。

（二）发音饱满，清晰圆润

汉语的音节结构决定了其发音过程阶段性明显、语速偏慢的特点，这些特点都要求说话时吐字发音清晰、饱满、圆润。这里的圆润不是指由嗓音形成的圆润音色，而是指吐字归音圆润平滑，力求做到字头、字腹、字尾浑然一体，尤其是字腹（通常是音节中开口度最大的元音）要饱满有力。有些考生朗读时声音涣散、字音含混不清，唇舌力度不足是主要原因，而这又是当前生活语言中的通病。唇和舌是口腔这个共鸣腔中最重要的主动发音器官，其力度很大程度上决定了吐字是否清晰有力。要做到发音饱满清晰，平时可以多做口部操练习，锻炼唇舌力度，塑造积极的发音习惯，将唇的力量主要集中到内缘即中央三分之一处，将舌的力量集中到舌的前后中纵线上。同时，在进行朗读时要注意提颧肌、开牙关、挺软腭、松下巴，还应该做到出字准确、立字饱满、归音干净。

（三）语速适中

如前所述，在进行朗读测试时，速度过快会影响音值准确性，并出现含混不清甚至吞字的情况，速度过慢则易形成"字词化"朗读，因此保持适中的语速可以有助于保持较好的流畅性和音值的准确性。当然，语速的快慢具有相对性，一般情况下使用普通话进行表达意义和传播信息的正常语速是每分钟 200 个音节左右，广播电视新闻的播音语速最快可达 300 个音节。因此，我们进行朗读测试时，语速保持在每分钟 180~240 个音节之间是较为合适的。

（四）注意多音字、形近字、形声字的正确读法

首先，汉字中存在大量的多音字，也就是同形异音现象，这样一来，要读准一个多音字，就需要在掌握文意的基础上选择正确的读音。如"踏实做人"中的"踏"应该读第一声 tā 而不是 tà；又如"松柏"中的"柏"是柏树之意，应该读 bǎi 而不是 bó；再如"为绿叶所覆盖"中的"为……所"是固定搭配，这里的"为"应读 wéi 而不是 wèi。类似的例子还有很多，我们要注意分辨，在不同的语境中选择不同的读音。

其次，形近字是指字形结构相似的字，在朗读中，由于形近字之间的差别小，测试者可能会由于粗心大意产生混淆。因此在朗读时，也要注意留意形近字，例如"冶"和"治"、"未"和"末"、"轿"和"桥"等。

最后，形声字"不形声"的现象也会引起朗读时的语音错误。"形声"是汉字的一种重要的造字法，所造之字称为"形声字"。形声字由形旁和声旁组成，形旁表意，通常用来表示字的意义范畴；声旁表音，用来提示字的读音。但由于语音的发展和演变、方言的差异等，很多形声字的声旁已经不能准确地表音了，这就使得"有边读边，无边读中间"的规则并不适用于所有形声字。比如同为"寿"作声旁的"铸、筹、畴、俦、涛"等字，读音差异较大且没有一个与"寿"读音相同，同为"勺"作声旁的"豹、灼"等也是这种情况。因此我们在朗读时最好尽量熟悉文本，避免此类错误的发生。

（五）注意轻重音

这里所说的"轻重音"包括词和句子，词的轻重音我们在本书的"轻重格式"一章进行了论述，这里着重要讲的是句子的重音。

句子的重音分为语法重音和逻辑重音。

语法重音是指根据语法结构的特点，把句子的一些部分读为重音的情况。语法重音不是绝对的，但就一般情况而言主要有以下规律：

（1）主语和谓语比较，谓语读得重些。如：

"我爱月夜，但我也爱星天"

"船在动，星也在动"

"他画了一幅名扬中外的画"

"我禁不住想"

（2）动词和宾语比较，宾语读得重些。如：

"他们一旦碰了钉子，走了弯路"

"我的心里充满了温暖与幸福"

(3) 定语和中心语比较，定语读得重些。如：
"浑身散发出夺人心魄的、彩色的、明亮的光芒"
"中国的牛"
(4) 状语和中心语比较，状语读得重一些。如：
"轻轻地颤动"
"缓缓地流到河中间去"
(5) 疑问代词通常比别的词读得重一些。如：
"那是谁？"
"又剩些什么呢？"
"我留着些什么痕迹呢？"

逻辑重音是为了突出语义重点或为了表达强烈感情加强音量读出来的重音。逻辑重音没有固定的位置，一句话中，最能体现说话人表意重点的词语或最能突出说话人强烈感情的词语，都要读逻辑重音。

比如"我请你吃面条"这句话，将重音放在不同的词语上，句子的意义就会有所不同：

我请你吃面条。（不是别人请）
我请你吃面条。（不用你付钱）
我请你吃面条。（不是请别人）
我请你吃面条。（不是吃其他食物）

语法重音要服从逻辑重音。

（六）养成良好的朗读习惯

普通话水平测试朗读项与日常口语不同，因为它是书面作品，比口语更加严谨、正式，但也没有必要对其进行艺术性的夸张。我们在日常练习时，首先就要形成良好的朗读和说话习惯，不要用不自然的固定腔调，也不要过分夸张、矫枉过正。朗读测试时，测试者的嗓音应该是柔和、动听和富于表现力的。其次要注意提高自己对嗓音的控制和调节能力。声音的高低是由声带的松紧决定的，音量的大小则由发音时振动用力的大小来决定，朗读时不要自始至终高声大叫。再者，还要注意调节共鸣，这是使音色柔和、响亮、动听的重要技巧。人们发声的时候，气流通过声门，振动声带发出音波，经过口腔或鼻腔的共鸣，形成不同的音色。改变口腔或鼻腔的条件，音色就会大不相同。例如舌位靠前，共鸣腔浅，可使声音清脆；舌位靠后，共鸣腔深，可使声音洪亮刚强。

（七）控制气息

朗读测试时，有的测试者呼吸显得很急促，甚至上气不接下气，这是因为其使用的是胸式呼吸，不能自如地控制自己的呼吸。学会自如地控制自己的呼吸非常重要，因为这样发出来的音坚实有力，音质优美，而且传送得较远。朗读需要有较充足的气流，一般采用的是胸腹式呼吸法。它的特点是胸腔、腹腔都配合着呼吸进行收缩或扩张，尤其要注意横膈膜的运动。我们可以进行缓慢而均匀的呼吸训练，从中体会用腹肌控制呼吸的方法。

朗读时不能就着一口气一说到底，气用完了再换，那样会让人觉得声嘶力竭。我们应该根据自己和实际情况以及句子的长度，及时进行气息补充。在换气时不要过于急促，语音一停、立马换气的话，会破坏句子的整体感，给人仓促之感。可以在前句结束后稍作停顿，下句开始前再吸气，同时换了就用，如非感情需要，不要吸气后存气不用。另外，尽可能使用偏实的中音，加强唇舌力度，这样也可以帮助我们节约用气。

（八）停连得当

停连是指语流中声音的停顿和连接。朗读测试时，测试者要注意停连得当。测试者做到停连得当，能够更好地表现作品的层次、内容和思想感情。不恰当的停连，可能会分解词语或句子，导致语义支离破碎，影响听者正确地理解语义。《普通话水平测试大纲》规定，朗读中出现停连不当现象，视程度扣 0.5 分、1 分、2 分。

朗读时的停顿，一般可分为生理停顿和语法停顿。

1. 生理停顿

正常情况下，朗读者不可能一口气读完一个很长的句子，也不能一口气读完一段话。朗读者应根据气息的需要，使唇舌、声带等发音器官在不影响语义完整的地方稍作休息。生理停顿不能割裂语法的结构，也不能妨碍语义的表达。

2. 语法停顿

在朗读中，语法停顿可以反映句子之间和句子之中的语法关系。在书面语里停顿的依据是标点符号，语法停顿的时间长短与标点符号相关。一般来说，句号、叹号、问号后的停顿比分号、冒号长；分号、冒号后的停顿比逗号长；逗号后的停顿比顿号长；段落之间的停顿比句子之间的停顿长。例如：

它要是高兴，∧①能比谁都温柔可亲：∧∧用身子蹭你的腿，∧把脖儿伸出来要求给抓痒，∧或是在你写稿子的时候，∧跳上桌来，∧在纸上踩印几朵小梅花。∧∧∧它还会丰富多腔地叫唤，∧长短不同，∧粗细各异，∧变化多端，∧力避单调。∧∧∧在不叫的时候，∧它还会咕噜咕噜地给自己解闷。∧∧∧这可都凭它的高兴。∧∧∧它若是不高兴啊，∧无论谁说多少好话，∧它一声也不出，∧连半个小梅花也不肯印在稿纸上！∧∧∧它倔强得很！（节选自老舍《猫》）

在没有标点符号的情况下，较长的主语和谓语之间，较长的联合成分之间，动词和较长的宾语之间，也有一些表示语法关系的停顿。

（九）注意语流音变

语流是指朗读时连续发出的一连串的音节。在语流中，音素和音素、音节和音节、声调和声调之间会相互影响，从而产生语音上的影响，这种现象就叫做音变。普通话水平测试中的朗读测试的语流音变现象主要是指上声的变调、"一""不"的变调、轻声、儿化以及语气词"啊"的音变，这些都是应试者要重点留意的地方。

（十）调整语调与节奏

语调是指人们说话或朗读时声音的高低升降变化，无论在声调语言还是非声调语言中，语调都是表达语气的重要手段。语调主要包括平调、升调、降调、曲折调四种基本类型。平调相对平缓，没有明显的高低起伏变化，往往用于说明情况、陈述事实；升调是指音高由低到高逐渐上升，通常用于疑问句，表示疑问、反问等语气；降调是指音高由高到低逐渐下降，多用于陈述句、感叹句和祈使句等，表达肯定、坚决、感叹等语气；曲调是

---

① 符号∧表示停顿。

指声音先降后升或先升后降，富有抑扬顿挫之感，常用于表达讽刺、讥笑、夸张等特殊的情感。

另外，朗读的节奏也很重要。一般来说，说明性、叙述性文本节奏较为平稳，抒情性文本节奏较为复杂。即使是同一篇文章，也会因为内容的差异形成节奏的不同。我们应该根据文本的内容和情感变化，合理安排朗读的节奏。例如同是朱自清的作品，轻松愉悦的《春》的节奏比较轻快昂扬，惆怅茫然的《匆匆》的节奏则更为平稳和缓慢。

第四节　朗读作品分析

一、春
——朱自清

盼望着，盼望着，东风/来了，春天的脚步/近了。

一切/都像刚睡醒的样子，欣欣然/张开了眼。山/朗润起来了，水/涨起来了，太阳的脸/红起来了。

小草/偷偷地/从土里钻出来，嫩嫩的，绿绿的。园子里，田野里，瞧去，一大片/一大片满是的。坐着，躺着，打两个滚，踢几脚球，赛几趟跑，捉几回迷藏。风/轻悄悄的，草/软绵绵的。

桃树、杏树、梨树，你不让我，我不让你，都开满了花/赶趟儿。红的像火，粉的像霞，白的像雪。花里/带着甜味儿，闭了眼，树上/仿佛已经满是桃儿、杏儿、梨儿。花下/成千成百的蜜蜂/嗡嗡地闹着，大小的蝴蝶/飞来飞去。野花/遍地是：杂样儿，有名字的，没名字的，散在草丛里，像眼睛，像星星，还眨呀眨的。

"吹面不寒杨柳风"，不错的，像母亲的手/抚摸着你。风里/带来些新翻的/泥土的气息，混着/青草味儿，还有各种/花的香，都在/微微湿润的空气里/酝酿。鸟儿/将巢安在繁花绿叶当中，高兴起来了，呼朋引伴地/卖弄/清脆的喉咙，唱出/宛转的曲子，跟轻风流水/应和着。牛背上/牧童的短笛，这时候/也成天/嘹亮地响着。

雨/是最寻常的，一下/就是三两天。可别恼。看，像牛毛，像花针，像细丝，密密地/斜织着，人家屋顶 上/全笼着一层薄烟。树叶儿/却绿得发亮，小草儿/也青得/逼你的眼。傍晚时候，上灯了，一点点/黄晕的光，烘托出一片/安静而和平的夜。在乡下，小路上，石桥边，有撑起伞/慢慢走着的人，地里/还有工作的农民，披着蓑/戴着笠。他们的房屋，稀稀疏疏的，在雨里/静默着。

天上风筝/渐渐多了，地上孩子/也多了。城里乡下，家家户户，老老小小，也赶趟儿似的，一个个/都出来了。舒活舒活筋骨，抖擞抖擞精神，各做各的/一份儿事去，"一年之计在于春"，刚起头儿，有的是工夫，有的是希望。

春天/像刚落地的娃娃，从头到脚/都是新的，它/生长着。

春天/像小姑娘，花枝招展的，笑着，走着。

春天/像健壮的青年，有/铁一般的胳膊和腰脚，他领着我们/上前去。

📖 朗读分析

（一）背景分析

《春》是现代著名作家朱自清的散文名篇，大约写于1933年，之后长期入选中小学语文教材。虽然当时的中国正处于动荡不安之中，但是朱自清笔下的春天，充满了希望与生机，表达了作者对自由与希望的追求和对美好生活的向往。

（二）情感基调

这篇散文通过描绘生机勃勃、春意盎然的美景，赞美了春天带给人们的无限希望，也通过描写精神抖擞、辛勤劳作的人民，激励人们在大好春光里奋然前进。整个基调是喜悦的，活泼的，充满希望的。

（三）语速与节奏

这篇散文活泼自然，所以朗诵时语速不宜过慢，要注意与句意相符。例如"盼望着，盼望着"有递进关系，二者应读出差异。第一个"盼望着"速度稍慢且声音偏低，第二个"盼望着"速度加快且读得更饱满，体现出对春的急切期盼之情。另外，在朗读描写春天景象的句子时，语速可以稍快，以展现春天的生机与活力；而在朗读表达人们享受春天的愉悦心情时，语速则可以稍缓，以体现温暖、静谧的氛围。

（四）重音与停顿

文中描述春天即将到来的情景时，运用了较多拟人手法，这些句子里的主要动词，如"钻""唱""应和"等应重读；而修饰语如"偷偷地""嫩嫩的""绿绿的"等则应轻读。

二、匆匆

——朱自清

燕子去了,有/再来的时候;杨柳枯了,有/再青的时候;桃花谢了,有/再开的时候。但是,聪明的,你告诉我,我们的日子/为什么/一去不复返呢?——是有人/偷了他们罢:那是谁?又藏在何处呢?是他们自己/逃走了罢:现在/又到了哪里呢?

我不知道/他们给了我多少日子,但我的手/确乎是渐渐空虚了。在默默里算着,八千多日子/已经从我手中溜去,像针尖上一滴水/滴在大海里,我的日子/滴在时间的流里,没有声音,也没有影子。我不禁/头涔涔而泪潸潸了。

去的/尽管去了,来的/尽管来着;去来的中间,又怎地匆匆呢?早上/我起来的时候,小屋里/射进两三方/斜斜的太阳。太阳/他有脚啊,轻轻悄悄地/挪移了;我也茫茫然跟着旋转。于是——洗手的时候,日子/从水盆里过去;吃饭的时候,日子/从饭碗里过去;默默时,便从/凝然的双眼前过去。我觉察/他去的匆匆了,伸出手遮挽时,他又从/遮挽着的手边过去;天黑时,我躺在床上,他便/伶伶俐俐地/从我身上跨过,从我脚边飞去了。等我睁开眼/和太阳再见,这算/又溜走了一日。我/掩着面叹息。但是/新来的日子的影儿/又开始/在叹息里闪过了。

在逃去如飞的日子里,在千门万户的世界里的我/能做些什么呢?只有徘徊罢了,只有匆匆罢了;在八千多日的匆匆里,除徘徊外,又剩些什么呢?过去的日子/如轻烟,被微风/吹散了,如薄雾,被初阳/蒸融了;我留着些/什么痕迹呢?我何曾留着/像游丝样的痕迹呢?我/赤裸裸来到这世界,转眼间/也将赤裸裸的回去罢?但/不能平的,为什么/偏白白走这一遭啊?

你/聪明的,告诉我,我们的日子/为什么/一去不复返呢?

朗读分析

(一) 背景分析

《匆匆》是现代著名作家朱自清的一篇抒情散文,作于1922年3月。此时正是五四运动的落潮期，当时的知识青年普遍感到迷茫与彷徨。作者以细腻的文笔表达了对时光流逝的感慨，但整篇文章感伤却不颓废，苦闷却不消沉，在冷静的沉思后，继续寻求人生的道路。

（二）情感基调

整篇散文是茫然忧伤的，朗诵时应使用柔和低回的语调，以传达出作者对时间流逝的无奈和惋惜之情。

（三）语速与节奏

根据内容的差异，语速与节奏应有所变化。在描绘时间流逝的细腻场景时，语速可适当放慢，柔和而平缓；而在表达作者对时间流逝的无奈与惋惜时，如"只有徘徊罢了，只有匆匆罢了"，语速则可适当加快，以突出情感。

（四）重音与停顿

文中几处"但是"应重读，且有适当的停顿，以强调转折，突出文章的主旨和作者的情感。

三、泰山极顶（节选）

——杨朔

泰山极顶看日出，历来/被描绘成/十分壮观的奇景。有人说：登泰山/而看不到日出，就像/一出大戏/没有戏眼，味儿/终究有点寡淡。

我去爬山那天，正赶上个/难得的好天，万里长空，云彩丝儿都不见。素常/烟雾腾腾的山头，显得/眉目分明。同伴们/都欣喜地说："明天早晨/准可以看见日出了。"我也是/抱着这种想头，爬上山去。

一路上/从山脚往上爬，细看山景，我觉·得/挂在眼前的/不是五岳独尊的泰山，却像一幅/规模惊人的/青绿山水画，从下面倒展开来。最先露出在画卷的/是山根底/那座明朝建筑/岱宗坊，慢慢地/便现出/王母池、斗母宫、经石峪。山/是一层比一层深，一叠/比一叠奇，层层叠叠，不知/还会有多深/多奇。万山丛中，时而/点染着极其工细的人物。王母池旁的吕祖殿里/有不少尊明塑，塑着/吕洞宾等一些人，姿态神情/是那样有生气，你看了，不禁/会脱口赞叹说："活啦。"

画卷/继续展开，绿阴森森的柏洞/露面不太久，便来到/对松山。两面奇峰/对峙着，满山峰/都是奇形怪状的老松，年纪/怕不有个千儿八百年，颜色/竟那么浓，浓得好像/要流下来似的。来到这儿，你不妨/权当一次/画里的写意人物，坐在/路旁的对松亭里，看看山色，听听流水/和松涛。也许/你会同意乾隆题的/"岱宗最佳处"的句子。且慢，不如/继续往上看……

朗读分析

（一）**背景分析**

《泰山极顶》是现代散文作家杨朔写的一篇著名散文，主要描绘了泰山的壮丽奇景，还描述了自己攀登泰山的内心感受，表达了作者对大自然的敬畏和对生命的思考。这篇文章不仅语言优美，而且意境深远，是现代散文的经典之作。

（二）**情感基调**

这篇散文的基调可以概括为"赞美与热爱，以及敬畏之心"，杨朔在文章中对泰山的壮丽景色进行了描绘和高度的赞美，也表达了对泰山的敬畏之情。在朗读时，应保持一种庄重却不失激情的情感，既要表现出对泰山美景的赞美与热爱，又要表达出对泰山的敬畏之心。

（三）**语速与节奏**

这段节选主要是在描绘泰山的壮丽景色，语速可以适当放缓，以便更好地展现景物的细节。

（四）**重音**

文中有一些词语直接表达了作者的情感态度，如"欣喜""赞叹""活啦"等，可以通过重音更好地传达出来。

四、住的梦（节选）

——老舍

……

不管/我的梦想/能否成为事实，说出来/总是好玩儿的：春天，我将要住在杭州。二十年前，我到过杭州，只住了两天。那是旧历的二月初，在西湖上/我看见了嫩柳与菜花，碧浪/与翠竹。山上的光景如何？没有看到。三四月的莺花山水如何，也/无从晓得。但是，由我看到的那点儿春光，已经可以断定，杭州的春天/必定/会教人整天生活在/诗与图画之中。所以，春天/我的家/应当是在杭州。

夏天，我想/青城山/应当算作最理想的地方。在那里，我虽然只住过十天，可是/它的幽静/已拴住了我的心灵。在我所看见过的山水中，只有这里/没有使我失望。它并没有什么奇峰/或巨瀑，也没有多少/古寺与胜迹，可是，它的那一片绿色/已足使我感到/这是仙人所应住的地方了。到处/都是绿，而且/

121

都是/像嫩柳那么淡，竹叶/那么亮，蕉叶/那么润，目之所及，那片淡而光润的绿色/都在轻轻地颤动，仿佛要流入空中/与心中去似的。这个绿色/会像音乐似的，涤清了/心中的万虑，山中有水，有茶，还有酒。早晚，即使在暑天，也须穿起毛衣。我想，在这里住一夏天，必能写出一部/十万到二十万的小说。

……

不过，秋天/一定要住北平。天堂是什么样子，我不知道，但是/从我的生活经验去判断，北平之秋/便是天堂。论天气，不冷不热。论吃的，苹果、梨、柿子、枣儿、葡萄，每样/都有若干种。至于/北平特产的小白梨与大白海棠，恐怕/就是乐园中的禁果吧，连亚当与夏娃见了，也必/滴下口水来！果子而外，羊肉正肥，高粱红的螃蟹/刚好下市，而良乡的栗子/也香闻十里。论花草，菊花/种类之多，花式之奇，可以甲天下。西山/有红叶可见，北海/可以划船——虽然/荷花已残，荷叶/可还有一片清香。衣·食·住·行，在北平的秋天，是没有一项/不使人满意的。即使/没有余钱买菊吃蟹，一两毛钱/还可以爆二两羊肉，弄一小壶佛手露啊！

冬天，我还没有/打好主意，香港很暖和，适于/我这贫血怕冷的人去住，但是/"洋味"太重，我不高兴去。广州，我没有到过，无从判断。成都/或者相当地合适，虽然/并不怎样和暖，可是/为了水仙，素心腊梅，各色的茶花，与红梅绿梅，仿佛/就受一点儿寒冷，也颇值得去了。昆明的花/也多，而且/天气比成都好，可是旧书铺/与精美而便宜的小吃/远不及成都那么多，专看花/而没有书读/似乎/也差点儿事。好吧，就暂这么规定：冬天/不住成都/便住昆明吧。

朗读分析

（一）背景分析

老舍这篇《住的梦》创作于抗战时期，当时老舍居住于重庆，饱受着诸名"酷暑重雾"和"房屋的不像房屋"等方面的困扰。这样的生活环境促使他开始梦想抗战胜利后能够住在什么更加理想的地方，于是写下了这篇充满想象力的《住的梦》。

（二）情感基调

《住的梦》的情感基调是轻松而略带幽默的。老舍在文中以轻松愉快的语调描绘了自己梦想中的四季居所，也流露出老舍对祖国的热爱和对自然美景、人文风貌、宁静生活的向往。

（三）语速与节奏

这篇文章的基调是轻松愉悦的，因此整体而言语速可以保持适中，不用太慢。节奏上应注重抑扬顿挫的变化，以更好地传达文章的情感和韵律美。

（四）重音与停顿

在这篇文章中，表达四季理想居所的句子可适当重读，如："春天，我将要住在杭州。""夏天，我想/青城山/应当算作最理想的地方。""秋天/一定要住北平。""冬天，不住成都/便住昆明吧。"每个季节的描述结束时，可停顿略长。

五、北京的春节（节选）

——老舍

照北京的老规矩，春节/差不多/在腊月的初旬/就开始了。"腊七腊八，冻死寒鸦"，这是一年里/最冷的时候。可是，到了严冬，不久/便是春天，所以/人们并不因为寒冷/而减少过年与迎春的热情。在腊八那天，人家里，寺观里，都熬腊八粥。这种特制的粥/是祭祖祭神的，可是细一想，它倒是/农业社会的一种/自傲的表现——这种粥/是用各种的米，各种的豆，与各种的干果（杏仁、核桃仁、瓜子、荔枝肉、莲子、花生米、葡萄干、菱角米……）熬成的。这不是粥，而是/小型的农业展览会。

腊八这天/还要泡腊八蒜。把蒜瓣/在这天/放到高醋里，封起来，为过年吃饺子用的。到年底，蒜/泡得色如翡翠，醋/也有了些辣味，色味双美，使人/要多吃几个饺子。在北京，过年时，家家吃饺子。

……

在有皇帝的时候，学童们/到腊月十九就不上学了，放年假一月。儿童们准备过年，差不多/第一件事/是买杂拌儿。这是用各种干果（花生、胶枣、榛子、栗子等）与蜜饯/掺和成的，普通的带皮，高级的/没有皮——例如：普通的/用带皮的榛子，高级的/用榛瓤儿。儿童们/喜吃这些零七八碎儿，即使/没有饺子吃，也必须买杂拌儿。他们的第二件大事/是买爆竹，特别是男孩子们。恐怕/第三件事/才是买玩意儿——风筝、空竹、口琴等，和年画儿。儿童们忙乱，大人们/也紧张。他们/须预备过年吃的使的喝的一切。他们也必须/给儿童/赶做新鞋新衣,好在新年时/显出/万象更新的气象。

二十三过小年,差不多/就是过新年的"彩排"。在旧社会里,这天晚上/家家祭灶王,从一擦黑儿/鞭炮就响起来,随着炮声/把灶王的纸像焚化,美其名叫/送灶王上天。在前几天,街上/就有多少多少/卖麦芽糖与江米糖的,糖形/或为长方块/或为大小瓜形,按旧日的说法:用糖/粘住灶王的嘴,他到了天上/就不会向玉皇/报告家庭中的坏事了。现在,还有卖糖的,但是/只由大家享用,并不再/粘灶王的嘴了。

过了二十三,大家就更忙起来,新年/眨眼就到了啊……

朗读分析

（一）背景分析

老舍的散文《北京的春节》发表于 1951 年的《新观察》，文章按时间顺序描绘了老北京春节的一系列习俗，表现了春节的隆重与热闹，展现了节日的温馨与美好。全篇语言朴实自然，不事雕琢，但又流畅通达，朗读起来不做作拗口。

（二）情感基调

文章的情感是欢快、喜庆、温馨的，一幅幅生动的画面，描绘了老北京春节的欢乐与喜悦。

（三）语速与节奏

本文是喜庆、欢快的，所以语速不宜过慢，整体应保持适中偏快，以体现春节期间的热闹和繁忙。节奏上也略微紧凑，不宜过缓。

（四）重音与停顿

一些突出文章主题和重点的词如"春节""北京""腊八粥""腊八蒜"等应读得略重。在停顿上，可以在各时间点，如"腊月初旬""腊八""小年"等之间作稍长停顿，以体现内容的层次性。

第九章 命题说话训练

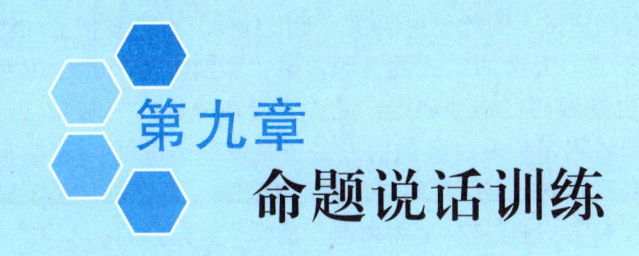

PSC 最后一项为命题说话，测查应试人在无文字凭借的情况下说普通话的水平，重点测查语音标准程度、词汇语法规范程度和自然流畅程度。限时 3 分钟，共 40 分。

第一节　PSC 命题说话项应试策略

命题说话考查的是应试人在没有文字凭借的情况下说普通话的水平，且须连续说满 3 分钟，所以最易暴露应试人语音问题，也最能显示应试人的普通话真实水平。由于命题说话项难度大、分值高，很多考生在测试时非常紧张，常常出现词不达意、无话可说、东拉西扯等问题。要解决以上问题，要注意做到以下几点。

一、选好话题，认真审题

命题说话选题为二选一，应试人从两个备选题目中任选一题。在拿到题目进行备测时，应试人应当首先认真审题，选择一个把握度较大的，一般来说，记叙类要易于说明类和议论类，因为此类话题贴近生活，便于发挥，对逻辑性的要求也稍低一些，比较容易说满 3 分钟。另外，一定要看清楚题目，比如不要将"节日"看成了"节目"。

二、避免使用方言词汇、方言语法

命题说话是没有文字凭借情况下的单向会话，不同于可以字斟句酌的书面作文，应试人除非提前背稿，否则无法每句话都深思熟虑之后再说。"脱口而出"的特点使得普通话不熟练的应试人常常不由自主地使用方言词汇或方言语法，如"你走先"等。要避免这类问题，一是不能漠视语法的规范性，在平日的学习生活中注意比较、积累正确的普通话词汇和语法规则；二是在拿到试题备测时应该拟定说话思路和框架，规避方言词汇，要说到的话题里需用到的词而又不知道或一下想不起来对应的普通话说法时，可以换一种方式来表述。

三、勿随意套用"万能模板"

网络上的一些应试技巧提倡"以不变应万变"，提前准备几个话题，无论最终抽到什么都迂回曲折向这几个话题靠拢。有些应试人因此无视话题，无限延伸，生拉硬拽，如将一个西红柿炒鸡蛋的做法硬生生弄成了"万金油"式的话题：说"假期生活"是学习西红柿炒鸡蛋，说"我的业余爱好"也是做西红柿炒鸡蛋，说"我所在的集体"时自己则变身为烹饪学校的学员在学习西红柿炒鸡蛋，说"敬佩的人"也是说最尊敬的××教给自己西红柿炒鸡蛋的做法，甚至说到"我喜爱的书籍"时讲的是书中记载了西红柿炒鸡蛋做法的菜谱。这种漫无边际的"万能模板"，一旦被认定为离题，是要严重失分的。

四、不要背稿

目前，网络上充斥着大量的 PSC 命题说话"范文"，很多应试人也会下载这些范文并强行背诵，根本不管内容是否切合自身生活。这种错误的应试方法，一是会有强烈的"背稿"痕迹，会在"朗读文本"处失分；二是易与其他考生内容重复，如被判为雷同，也要进行扣分。而且，背诵毕竟与正常的口语交际有很大区别，自然度明显有差异，所以可以参考别人的说话方法，但并不提倡提前背稿。

五、慎用网络流行语，避免使用外语词汇

网络日益发达的今天，网络流行语也成了人们日常生活中必不可缺的部分，其扩散之快、流行之广，是传统媒体时代无法想象的。由于网络流行语的字面意义和实际意义往往差异较大，如"吃瓜群众""白骨精"等，并不是所有人都能完全了解网络流行语的真正含义。另外，网络流行语常常打破传统语法规范，如"很可"等。再加上网络流行语随意性强、实效性短的特点，使得网络流行语先天具有规范性差、生命力弱等缺陷。还有一些网络词语更是夹杂了外语词汇，如"get 到""hold 住"等，更是不符合汉语词汇语法规范的。PSC 是国家级普通话水平测试，考查的是语言的规范应用，不能等同于日常的随意聊天，不能随意使用不规范的网络流行语和外语。

六、扬长避短

命题说话项中的语音错误是累计计算的，因此从选题到说话都要"扬长避短"，避免频繁使用自己可能有语音错误或语音缺陷的词语。比如"印象深刻的旅行"一题，本来已经有"旅"这样的边音字，如果旅行目的地再选择"大理、丽江"这类带有 n、l 的词语，对于鼻边音不分的考生来说，更会增大应试难度。

七、控制语速 把握时间

有些应试人为了确保语音标准度，说话速度非常慢，一字一顿，这会破坏自然口语的流畅度，也无法提供足够语料供测试员评判。有些应试人由于紧张语速加快，容易出现语音含混不清甚至"吞字"的情况，气息不够平稳，给人"慌张"之感；或者由于语速太快思路跟不上而造成"卡壳"；又或者将准备的内容一股脑快速说完，时间未到却又无话可说。命题说话共 3 分钟，应该至少提供 600 音节左右的语流，200~240 字/分钟的语速是较为合适的。同时，在测试时还应关注进度条的提示，适当进行内容和语速的调整。

第二节　PSC命题说话项常见话题类型及表达思路

一、常见话题及表达思路分析

通过分析，我们发现，PSC命题说话项常见话题中，一部分话题与个人日常生活密切相关，另一部分话题则与社会问题紧密相连。因此我们可以把话题分为个人类话题和社会类话题。在准备环节，可以根据不同的话题类型来理清思路，分析要点，准备内容。

（一）个人类

1. 儿时的记忆

要点：

"儿时记忆"是要求测试者回忆儿时令自己印象深刻、难以忘却的某些事情，它们往往对测试者的成长产生深远的影响。

思路：

不能干巴巴地一条一条地列举，而应该结合具体的经历和感受来述说童年生活。述说之后可以进行总结，说明童年生活给你的成长带来了怎样的影响。

2. 我心中的季节（或天气）

要点：

可以集中说一个最有特色的季节或天气，也可以分别谈多个季节或天气。

思路：

先介绍你喜欢的季节或天气，描述它的特色，接着说为什么喜欢这个季节或天气，这样的季节和天气给你带来什么样的体验，最后可以结合你的审美情趣来做简短小结。

3. 难忘的一天

要点：

这个题目是要求应试者述说亲身经历的日常生活中的某一天发生的事情。该话题难度不大，测试者只要根据实际的经验和感受来描述便可。

思路：

（1）可以按照一天的时间顺序来说，分别说一下难忘的一天中各个时间段做了什么，例如：上午……中午……下午……晚上……

（2）也可不按照时间顺序，说一说难忘的那天发生的具体事情以及难忘的原因。

4. 我的假期生活

要点：

"假期生活"是指在节假日里自己的生活安排。主要突出它不同于平时工作或学习的状态。不要干巴巴地简单罗列，要能针对这些项目展开详细说明和介绍。

思路：

（1）可以谈论双休日，也可以谈论节日长假、寒暑假等，最好说一些持续性的活动内容，例如运动、旅游、读书等，叙述从这些活动中得到的丰富体验。

（2）也有人在节假日变得更忙，忙于生计，忙于照顾家人，或是坚守在自己的岗位上服务社会。可以介绍这些工作的具体内容，谈谈在这个过程中自己的体会和感受。

5. 总结和回顾过去的一年

要点：

这个话题主要是对过去的一年的总结与回顾。

思路：

可以说在过去的一年里自己经历的快乐、悲伤、挫折和成功，列举实例，展开细节来说。也可以说一说过去一年自己遇到的人，经历的事情，最后总结出这些经历给自己带来的成长和收获。

6. 我的老师

要点：

这一题十分具体地限定了说话的主题，测试者要紧紧围绕这个主题来说。

思路：

（1）可以就自己的求学经历中印象深刻的老师来说，介绍这位老师是谁、我和老师之间的故事、老师给我带来的改变、老师教会我的道理等。

（2）我的朋友、长辈、家人教会我很多东西，他们也是我的老师。

7. 一件礼物

要点：

既然要谈一件礼物，一定有它的理由，那就是这个礼物在自己心中的珍贵之处，这是话题的要点所在。

思路：

（1）这个礼物可以是实物，比如家人、朋友、爱人赠送的具有不同意义的礼物。可以先介绍礼物是什么，然后解释是什么原因得到了这份礼物，还可以说说自己付出了怎样的努力才得到了这份礼物，得到后的感受等。

（2）这个礼物也可以是抽象的，比如在成长过程中，经历了某些事情后的体会、感悟。

8. 我种植的植物

要点：

这个话题的重点是谈你种的植物以及它为什么会受到你的喜爱，它的可爱之处是什么。

思路：

可以先从外观、习性、气味等方面介绍一下你种植的植物，尽量做到形象，让听者能够直观感受到这种植物。也可用具体的实例来说明你为什么喜爱这种植物，再在描述中体现出真情实感，这样更能打动听众。

9. 我的理想（或愿望）

要点：

重点要突出为什么这是我的理想或愿望，它在自己心中的价值和意义。

思路：

内容可以是心中觉得很有意义，但还没有实现的理想或愿望；也可以是曾经憧憬过，最后通过自己的努力实现了的理想或愿望。测试者可以从它对自身的意义、对他人及社会的意义来说，也可以从为了这个理想或愿望付出的努力来说，还可以展开说一下在努力过程中发生的一些故事。

10. 我的朋友

要点：

朋友可以是一般意义上的朋友，也可以是父母、兄弟、姐妹等。无论从哪个角度来说，都离不开对朋友的具体的描述，离不开对他（他们）身上发生的故事的生动叙说。

思路：

可以先介绍这位（些）朋友的特点，他（他们）的外貌，他（他们）的性格等。然后以一件印象深刻的事例来发掘出更深入的话题，说明这位朋友值得自己学习、信赖的地方。

11. 我的业余爱好

要点：

测试者要围绕"业余爱好"这个主题来说。这个业余爱好应该是你平时生活中体验过的，具体的事物。

思路：

可以先介绍你的业余爱好是什么，具体描述一下经历和感受，接着说为什么会有这样的业余爱好，最后说这些爱好给你带来的收获和感受。在说这个话题的过程中一定要结合具体的实例来说。

12. 我喜爱的书籍（或报刊）

要点：

这是一个包含多个命题选项的题目，测试者应当选择自己最擅长的题目来说。重点是围绕"我喜爱的"这个要点来说。

思路：

可以先谈书籍或刊物具有什么特点，接着谈为什么会令你喜爱。可以谈令你印象深刻的故事情节，或者书籍或报刊中某个人物给你带来的影响和启示。

13. 我的家乡（或熟悉的地方）

要点：

这是一道包含多个命题选项的题目，测试者可以选择自己擅长的一个方向来说。说话时思维可以发散一些，用多个维度来构建说话要点，不要只集中在一个点上。

思路：

（1）"家乡"的范围比较广，可以理解为自己出生的地方，也可以理解为自己长期居住的地方。可以介绍家乡的地理位置，介绍家乡的风土人情，也可以介绍家乡发生的变化等。

（2）如果选择"熟悉的地方"这个话题，思维可以打开，熟悉的地方可以有很多，不必只说一个地方，也可以切换不同的视角进行叙述。

14. 我所在的集体

要点：

这道题目的重点是介绍自己所在的集体，这个集体可以是学校、公司，也可以是某个团队、班级等，主要谈它们的特点和风貌，以及对自己成长过程的影响，一定不要泛泛而谈，要结合具体的事例来谈。

思路：

可以先介绍自己所在的集体是什么，接着介绍在这个集体中发生的事，最后谈给你带来怎样的影响和收获。

15. 印象深刻的旅行

要点：

这个话题的重点是"印象深刻"，之所以"印象深刻"，一定是这次旅行给你带来了不同寻常的体验，具有令人回味的价值和意义。

思路：可以介绍旅行的过程。旅行会有制订计划、准备出发等几个环节，但在说话时不能过分琐碎，一定要说一些记忆犹新的情节，突出重点"印象深刻"，最后总结出这次旅行的意义。

16. 我喜欢的体育运动

要点：

每个人和体育都有或多或少的关系，这个话题重点是要突出"喜欢"，"喜欢"必然是你亲身经历过的、给你带来愉悦感受的事情。

思路：

可以介绍你喜欢或擅长的体育运动的特点，谈谈这些体育运动带给你的乐趣和收获，尽量结合一些亲身经历的具体的故事来谈，这样可以使内容更加充实。

17. 谈谈美食

要点：

首先要理解"美食"的含义，可以从多个角度来理解"美食"。美食可以是山珍海味，也可以是街边小吃，可以是一道菜，也可以是一种零食，只要是自己喜欢的，都可以是美食。

思路：

可以介绍中国文化中有代表性的美食，可以介绍自己家乡特有的美食。可以谈这些美食的特色，说出自己喜欢它们的理由，还可以从文化和科学的角度来谈这些美食。

18. 令我敬佩的人

要点：

既然是敬佩的人，那么在他身上一定有某种高贵的品质，高贵的品质会通过一些具体的行为来体现。

思路："敬佩的人"可以是英雄、长辈和领导，也可以是身边的父母、朋友、同学和同事。他们身上一定有令人敬佩的地方，可以结合发生在他们身上的事例来说明这个人被自己尊敬的理由。

19. 我心爱的动物伙伴

要点：

这道题的重点是说出"我心爱的动物伙伴"的可爱之处。

思路：

可以说一种动物，也可以说几种动物，只要能说出自己喜欢的理由就可以。可以先对心爱的动物进行介绍，介绍它的外观、生活习性、性格特点等，接着用具体的例子来说明它的可爱之处，最后说一说它带给你的思考和收获。

20. 谈谈让我快乐的艺术形式

要点：

艺术形式包括文学、绘画、音乐、舞蹈、戏剧、建筑、电影等。测试者可选择一种最为熟悉的艺术形式来叙说，说明你喜爱这种艺术形式的理由。

思路：

可以从一本小说、或一首歌曲、或一幅名画谈起，可以从你对这种艺术形式从陌生到熟悉、再到喜爱的过程说起，说明在这个过程中，这种艺术形式带给你的快乐和滋养，重点说出通过对它的喜爱带给你的收获。

21. 我知道的文化（或风俗）

要点：

这个话题需要具备一定的知识储备，需要测试者介绍熟悉的文化或风俗的特点，以及这些文化或风俗的背景。

思路：

可以介绍自己家乡的某些文化或风俗，也可以介绍中国常见的文化或风俗，还可以介绍世界某些地区的文化或风俗，结合这些文化或风俗的背景和内涵来谈。

22. 谈谈历史人物对我的影响

要点：

这道题要求有一定的知识储备，可以选择为大众所熟知的多个历史人物来说。如果介绍的是历史人物的文学作品如诗词等，不要大量引用原作，否则可能因内容雷同而被扣分。

思路：

介绍历史人物的生平、性格、成就和发生在他们身上的故事等。可以评价这些历史人物，也可以适当地引用他们的作品，加上一定的理解和解析。

23. 令我开心的事情

要点：

这是一道开放式的话题。在日常生活中，令我们开心的事情太多了，可以是得到了一个礼物，也可以是吃了一个冰淇淋，无论事情大小，只要让我们感到快乐，就都可以作为切入点。

思路：

可以按照时间的顺序，说说人生的不同阶段分别让你感到快乐的事情。也可以说目前这个阶段，有什么事情让你感到快乐。建议多谈细节，使内容更具体，令人印象深刻。

24. 最想去的地方

要点：

一个地方令人向往，那么它肯定有一些特别吸引人的特点，这就是这个话题的重点。

思路：

可以介绍具体的一个地方，介绍那里的自然风光和人文环境，说出能够吸引你的方面。

25. 我所知道的节日风俗

要点：

这道题的重点是介绍自己了解的节日的风俗和文化内涵，并说出自己喜欢的理由。

思路：

可以选择一个自己熟悉的节日来说，介绍它的历史起源、庆祝方式和文化内涵。也可以根据自己的成长轨迹，介绍多个节日，例如童年时期最喜欢什么节日，青少年时期最喜欢什么节日，成年以后又喜欢什么节日，分别说出自己喜欢的原因。

26. 体验劳动

要点：

这道题的重点是"体验"，所以一定要谈真实体验过的自己的一些感受。

思路：

可以谈生活中常见的家务劳动，例如：洗碗、扫地、拖地等。也可以谈自己印象深刻的体验式的劳动，例如割水稻、摘水果、植树等。可以描述一下劳动的过程，然后总结自己的真实感受。

27. 学习语言的体会

要点："体会"是指体验和领会，这道题就是要谈学习语言的过程和感悟。

思路：

可以介绍自己学习普通话或其他语言的过程，在这个过程中遇到的困难，自己采取了哪些方法来克服困难，最终取得了怎样的成绩和收获。也可以从学习普通话或其他语言的意义来谈，通过学习语言给自己的工作和学习带来了怎样的好处和便利。

28. 我理想的工作（或专业）

要点：

工作是个人在社会中从事的事情，专业是高等学校或中等专业学校所分的学业门类。这个话题的重点是说明自己喜爱某个工作或专业的原因。

思路：

可以说自己现在所从事的工作或所学习的专业，也可以说你向往的工作或专业，谈自己喜爱它的原因。可以从兴趣爱好谈起，也可以从薪资待遇谈起，还可以从对社会的贡献和意义谈起。

29. 那些感动我的事情

要点：

这个话题的重点是"感动"，"让我感动的事情"不一定是亲身经历的，也可以是作为一个旁观者看到或听到的某件事情。

思路：

可以说发生在自己身上的小事，也可以说人生中的大事，还可以说电视上或者自媒体上的一些感人事迹。重点要说这些事情为什么会令你感动，在哪些方面触动了你。

30. 谈谈关于十二生肖的故事

要点：

并不需要把十二生肖全部说完，只需要说自己知道的就可以。

思路：

先说你所记住的，了解的十二生肖有哪些。可以说自己的生肖，也可以说朋友和家人的生肖。说生肖的起源和传说，再谈谈你对生肖的看法。

（二）社会类

1. 谈谈卫生对健康的影响

要点：

首先要理解"卫生"的含义，"卫生"包括餐饮卫生、环境卫生、生理卫生、心理卫生等。这个话题的重点是阐述卫生与健康的关系。

思路：

测试者可以选择一个自己比较熟悉的方面的内容来谈，尽量结合体现卫生与健康关系的具体例子，突出不良卫生对健康带来的负面影响，最后谈我们应该如何去防范不卫生和不健康的行为，具体可以做哪些事情。

2. 谈谈对服饰的看法

要点：

"服饰"是和我们日常生活息息相关的话题，测试者可以从不同的角度来谈服饰。

思路：

可以谈自己对服饰的看法，自己在不同场合下会选择穿什么样的服饰，选择这些服饰的理由是什么；也可以介绍自己民族的服饰，讲解一些知识性的内容；也可以谈服饰的流行变化，对这种变化进行评价等。

3. 谈谈什么是诚信

要点：

测试者应紧紧围绕"诚信"这个主题，谈生活中的和"诚信"相关的具体事例。

思路：

生活中的"诚信"表现在很多方面，比如：言行一致、按时还款、实事求是、考试不作弊等。这些事例可能是你亲身经历的，也可能是发生在你身边的同学、朋友身上的，测试者可以展开来说这些具体的事例，多谈一些细节。最后再说诚信的重要性，呼吁大家都做讲诚信的人。

4. 谈传统美德

要点：

中国的传统美德有很多，尊老爱幼、勤俭节约、助人为乐、谦和好礼等。测试者可以选取一个或几个传统美德来谈，重点把握传统美德对自己的影响。

思路：

可以先说你知道的传统美德有哪些，接着说你是什么时候知道这些传统美德的，描述一下具体的事例，最后谈谈这些传统美德对自己的影响，我们该如何去传承这些传统美德。

5. 谈家庭与个人成长的关系

要点：

测试者要抓住"家庭"这个话题，从自身的角度出发来探讨家庭对个人成长的影响。

思路：

可以先介绍自身家庭的情况，描述自身家庭的氛围，总结家庭对你成长的哪些方面有影响。如果是正面的影响，说明你收获了什么；如果是负面的影响，则说说自己是如何克服的。建议结合生活中具体的、实际的例子来说，例如关于诚实、礼貌、善良等品质的例子。

6. 谈网络时代的利与弊

要点：

这道题是要谈谈网络时代的生活给我们带来的影响，测试者可以把它看作一把双刃剑，从"利"与"弊"两个方面去探讨。

思路：

（1）网络时代的生活给我们带来了便利：生活上衣食住行的极大便利。

（2）网络时代的生活给我们带来的弊端：青少年沉迷网络游戏，犯罪分子利用网络进行诈骗等。

7. 如何看待"终身学习"这一理念

要点：

首先要正确理解"终身学习"，"终身学习"并不仅仅是指书本知识的学习，也可能是一门兴趣爱好，如摄影、体育运动、茶艺、插花等，也可能是个人思想的逐渐成熟和行为修养的提升等。

思路：

测试者可以先谈自己对终身学习的理解，接着阐述一下人为什么要终身学习、终身学习能带来怎样的好处、测试者自己有没有终身学习的计划及自己将如何去实施这个计划。

8. 谈为什么要遵守社会公德（或职业道德）

要点：

这个话题的要点是阐述社会公德或职业道德与个人行为之间的关系。

思路：

以社会公德为例，可以先阐述社会公德的内涵和外延：它是社会全体成员所普遍遵循的道德准则，包括文明礼貌、遵纪守法、诚实守信等。接下来可以从具体的符合（不符合）社会公德的行为说起，谈谈这样的行为给社会带来的正负面影响，说明遵守社会公德的重要性。

9. 谈谈环境保护的重要性

要点：

这个话题的基本观点应该是环境保护对于全人类有着重大而深远的意义，可以结合你了解的环境保护的情况说说你的感受和看法。

思路：

可以先从人类生存环境的现状说起，例如空气污染、滥砍滥伐等，这些行为造成了怎样的恶果。然后重点说应该如何保护环境，比如：加大环保的宣传力度、提高民众的环保意识、从身边的小事做起，搭乘公共交通和节约用水用电等。

10. 谈我了解的中国文化

要点：

中国传统文化博大精深，涵盖面很广，十二生肖、四大发明、四书五经、四大名著、书法绘画、传统节日等都是中国传统文化。

思路：

选择多个主题或者一个主题进行说话即可。说话的过程中可以围绕主题多举一些例子，多讲一些故事。

11. 谈谈什么是"幸福"

要点：

这是一个开放式的话题。对"幸福"的理解没有标准的答案，只要围绕"幸福"这个主题，从自己的理解来谈即可。

思路：

（1）幸福可以是现在已经拥有了的生活，也可以是梦想中期待的生活。

（2）幸福没有一个定义，只要能自圆其说即可。

12. 谈谈科技发展的利与弊

要点：

这个话题重点是科技发展对社会生活产生的影响，影响有正面影响和负面影响。

思路：

（1）可以从正面影响来说：电脑的普及、交通的便利、通信的发展等加快了社会的发展，为我们的生活带来了很多有利之处。

（2）可以从负面影响来说：通信的发展影响了人与人之间的交际，影响了人们的书写能力等。

（3）可以从正、负面影响带给我们的启示来说。

13. 谈谈个人素养

要点：

个人修养是人在个体心灵深处经历自我认识、自我剖析、自我反思和自我调整后达到的人生境界。一个人的外表、言行、脾气、品性都能体现个人修养。

思路：

（1）可以从外表、言行与个人修养的关系来议论，举一些正面的例子或反面的例子来论证。

（2）也可从脾气、品性与个人修养的关系来议论，举一些正面的例子或反面的例子来论证。

14. 谈谈家庭、社会和国家的关系

要点：

这是一个社会类话题，比较抽象。越是这种话题，越不可假大空，应当结合实际生活来讲。

思路：

可以先谈你认为家庭、社会和国家三者之间是什么样的关系，是什么样的事情让你明白这个关系，接着结合具体的事例来论证三者之间的关系。可以举正面的例子，也可举反面的例子。

15. 谈谈怎样保持良好的心态

要点：

测试者首先要理解什么是"良好的心态"，然后要抓住重点"如何保持"，并补充各种具体的方法和路径。

思路：

（1）不要空说，应当围绕主题，给出具体的方法。

（2）可以通过运动、旅行、美食、学习等，让自己保持良好的心态。

16. 怎样看待垃圾分类

要点：

这是一个跟生活息息相关的话题。垃圾分类是指按照一定标准把垃圾分类投放、收集、运输和处理。

思路：

（1）首先要知道垃圾分类的目的是什么，垃圾分类具有社会、经济、生态等几方面的效益。

（2）可能有的测试者经历过垃圾分类，有的没经历过垃圾分类。经历过垃圾分类的可以叙述一下垃圾分类的过程和体验；没有经历过的，可以说一下自己对垃圾分类的看法。

17. 谈谈什么是"美"

要点：

这道题是一道开放性的题目，每个人对"美"的理解不尽相同，可以尽量从生活中的具体事情去探讨"美"，不要空谈。

思路：

（1）美，可以是一处风景。

（2）美，可以是一道美食。

（3）美，可以是一个善良高贵的灵魂。

（4）美，可以是一座雄伟的建筑。

18. 谈什么是团队精神

要点：

这个话题的重点在于"团队精神"，团队精神是指团队成员为了团队的利益和目标而相互协作、相互支持的一种精神风貌，它的核心是沟通协作，相互信任，尊重差异和有责任感。

思路：

可以述说团队精神给团队带来的变化，最好能够依据自己所在的团队，结合自己的亲身经历来说。例如：团队精神中的协作精神和服务精神；团队精神可以增强团队成员的凝聚力和归属感，提高团队的工作效率和工作质量，促进个人成长、实现团队的共同目标。

19. 谈谈对亲情（或友情、爱情）的看法

要点：

这是一个包含多个命题选项的题目，测试者应当选取自己感悟最深的题目来进行说话。虽然这是一个议论类的题目，但切忌假大空，而要结合具体的例子去阐述自己对亲情（或友情、爱情）的理解。

思路：

可以先阐述一下对亲情（或友情、爱情）的理解，接着用生活中的具体的例子来论证你的理解，最后可以谈谈什么样的亲密关系是你渴望拥有的，对此，你做了哪些努力。

20. 谈自律对我的影响

要点：

这个话题重点是谈"自律与我"之间的故事，以及自律对我的影响。

思路：

生活中的我们有很多自律的行为，例如：坚持健康的生活方式、控制自己的情绪、按照计划完成学习任务等。测试者可以从自身的角度出发，谈自己是如何自律的，你采取了什么样的方式，在这个过程中你遇到诱惑是怎样克服的。最后谈一下自律给你带来了怎样的收获。

二、命题说话范文

（一）谈什么是幸福

我选择的话题是"谈什么是幸福"。这是一个富有深意且"仁者见仁"的话题，每个人对幸福的理解和感受都是独特的，它可能源于生活的不同方面，也因个人的成长经历而不同。接下来我来谈谈自己理解的幸福。

首先，我认为幸福是一种内心的感受，它并非由外在条件或物质财富直接决定。有的时候，幸福的人可能生活并不宽裕，但他们的内心却很富足。相反，有些人虽然拥有优厚的物质条件，但内心却可能感到空虚和不安。因此，幸福更多是一种充实的心态，是一种积极迎接生活的态度和感受。

其次，追求自己的梦想和目标也是实现幸福的重要途径。当我们全身心地投入自己热爱的事业中时，我们会感到每一天都无比充实，即使在这个过程中面临困难和挑战，我们也会因为追求梦想这个过程而感到没有遗憾的幸福。这种幸福源于我们对自己的认可和肯定，以及对未来的憧憬与期待。

再次，幸福也源自我们对生活的感恩。当我们学会欣赏身边的美好事物，感激那些在我们生命中留下痕迹的人和事时，我们会更加珍惜和感恩生活。这种珍惜和感恩的心态也会让我们倍感幸福。

最后，我认为幸福是一种持续的自我价值追求与自省的过程。我们需要不断地探索自己的内心世界，发现自己的真正需求和价值观，并为之不遗余力地努力。在这个过程中，我们才能感受到成长的快乐，同时也会更加深入地理解什么才是真正的幸福。

总之，幸福是一种复杂而多元的感受，它源于内心的满足，对追寻梦想和目标的感悟，对生活的感恩和珍惜，以及持续的自我价值的追求。每个人对幸福的理解和感受都是

独特的，但只要我们用心去感受和追求，就能够找到属于自己的幸福。

（二）令我敬佩的人

在这个纷繁复杂的世界里，有许多人用自己的方式默默地影响着周围的人，他们或是平凡岗位上的英雄，或是成就卓越的领袖。我今天要分享的是一个在我心中无比敬佩的人物——张桂梅校长。她的故事，如同一盏明灯，照亮了无数贫困山区女孩的希望之路，也让我深刻理解了什么是坚持与奉献。

张桂梅校长，一个平凡的名字背后，却承载着非凡的使命与担当。她工作于云南省丽江华坪女子高级中学，深知教育对这里的女孩子改变命运的重要性。然而，在她成长的岁月里，也亲眼目睹了太多因贫困而失学的女孩，她们的眼神中充满了对知识的渴望，却又不得不面对现实的残酷。正是这份心痛与不甘，让张桂梅老师下定了决心扎根山区，创办了一所全免费的女子高中——丽江华坪女子高级中学（以下简称"华坪女高"）。这所学校，成为了那些贫困女孩生命中的转折点，也让"知识改变命运"的信念在她们心中生根发芽。

张桂梅校长用她瘦弱的肩膀，扛起了这份沉甸甸的责任。她不仅要筹集资金，建设校舍，还要亲自上阵，教书育人。每天清晨，当第一缕阳光穿透云层，张桂梅校长已经站在校门口，迎接每一位学生的到来；深夜时分，当大多数人都已进入梦乡，她还在办公室里，为学校的未来规划筹谋。她的身影，成为了华坪女高最坚实的后盾。

更难能可贵的是，张桂梅校长不仅关注学生的学习成绩，更注重她们的心灵成长。她经常用自己的亲身经历，鼓励学生们要勇敢、坚强，面对困难不屈不挠。在她的影响下，许多原本自卑、迷茫的女孩逐渐找回了自信，明确了人生的方向。

如今，华坪女高已经培养出了数千名优秀毕业生，她们中的许多人走出了大山，走进了大学，甚至走向了世界。这些女孩用自己的实际行动，证明了张桂梅校长当初的选择与坚持是多么地正确与伟大。

（三）我的朋友

我的朋友不仅是我生活中的伙伴，也是我生命中不可缺少的宝贵财富。他们和我一起度过了许多快乐而难忘的时光。我们一起学习、一起旅行，一起欢笑，共同面对人生中的各种悲欢离合，我们并肩作战，我们互相陪伴，珍贵的友谊让我们不再孤单，生活中增添了各种乐趣和美好。

朋友是我心灵的慰藉。我们互相理解，真诚相待，在交流中分享彼此的喜怒哀乐，坦诚地表达自己的感受和想法，在尊重和信任中建立坚固而纯粹的情谊。当我遇到困难和挫折时，朋友总是毫不犹豫地支持我，用心地听我倾诉，给予我安慰和鼓励，无私地帮助我。朋友的陪伴和关爱让我再次拥有了继续前行的无尽勇气和自信。

朋友还是我生命中的良师。当我感到困惑和迷茫时，他们总是能真挚地给予我宝贵的建议，引导我积极向上，努力去寻找解决问题的正确方法和答案。当我迷失犯错时，他们的教诲让我能够去反思悔过，更清晰地认识自己的不足和局限，不断地改进和超越自我，从而成就更好的自己。

我有很多的朋友，我和我的朋友共同学习，共同成长，彼此欣赏，相互勉励。在人生的旅途中我们学会了分享，学会了包容，学会了关爱。我们一起携手探索这奇妙的世界和生命的真相，收获一次次的心灵升华，创造着生命中的无限可能。

（四）谈谈卫生对健康的影响

在我们的日常生活中，卫生习惯看似微不足道，实则与我们的健康息息相关，它就像是一扇保护我们免受疾病侵袭的大门。

首先，个人卫生是健康的第一道防线。保持良好的个人卫生习惯，比如勤洗手、勤洗澡、勤换衣，可以有效减少细菌和病毒的滋生，降低感染疾病的风险。想象一下，如果我们不注意个人卫生，手上、身上就可能携带大量的病菌，这些病菌通过触摸、呼吸等途径进入我们的身体，很容易引发感冒、腹泻等疾病。因此，个人卫生不仅是个人形象的体现，更是对自己健康负责的表现。

其次，环境卫生同样不容忽视。我们生活的环境，包括家庭、学校、工作场所等，如果环境脏乱差，就会成为细菌和病毒的温床。比如，不经常打扫的房间会积累灰尘和污垢，厨房里的油污和垃圾容易滋生细菌，公共场所的卫生状况更是直接关系到每个人的健康。因此，我们应该养成好的卫生习惯，定期打扫、消毒，营造一个良好的生活环境。

再者，食品卫生也是影响健康的重要因素。俗话说"病从口入"，不洁的食品是导致食物中毒和传染病的主要途径之一。因此，我们在选择食品时，一定要选择新鲜、干净、卫生的食品，避免食用过期、变质或来源不明的食品。同时，在烹饪过程中，也要注意食品的清洁和熟透程度，确保食品中的病菌被彻底杀死。

卫生与健康是相互依存、相互促进的。只有我们每个人都养成良好的卫生习惯，才能有效地预防疾病的发生和传播。同时，健康的身体也是我们保持良好卫生习惯的基础和动力。因此，我们应该从自身做起，从现在做起，重视卫生，关爱健康，共同营造一个更加健康、美好的生活环境。

（五）儿时的记忆

说起儿时的记忆，总是那么温馨、美好。我记得小时候，最喜欢的就是和邻居小伙伴们一起捉迷藏、跳皮筋、玩泥巴。还有在夏日的傍晚，大家一起在院子里乘凉，听大人们讲那些有趣的故事。就像有一首歌里唱的那样，"我们坐在高高的谷堆旁边，听妈妈讲那过去的事情……"那时候的我们，无忧无虑，笑容总是那么灿烂。

我记得，属于童年的周末或者假期，妈妈会带着我去公园或者游乐园玩，旋转木马、摩天轮、海盗船，都是我儿时的最爱。妈妈还会给我买很多好吃的，比如棉花糖、冰淇淋、小饼干，那时候的我觉得自己是世界上最幸福的孩子。

当然，作为一个女生，儿时的记忆也少不了那些关于美的追求。记得小时候特别喜欢穿裙子，尤其是那些带有蕾丝花边和蝴蝶结的小裙子，穿上它们，觉得自己就像个小公主一样。还会偷偷用妈妈的口红和粉饼，虽然每次都会被发现，但那份对美的向往和追求，却一直伴随着我成长。

儿时的记忆中，给我留下深刻印象的就是去海边旅行，大概孩子对于大海是没有抵抗力的。那是我大概五岁的时候，和家人一起去海边度假。我第一次亲眼见到大海，那种广阔无垠、蔚蓝深邃的景象让我震撼不已。我兴奋地脱下鞋子，跑向海边，任由海浪拍打着我的小腿，那种清凉和刺激的感觉让我至今难以忘怀。在海边，我还尝试了很多第一次，比如捡贝壳、堆沙堡、捉小虾蟹等。我记得自己捡到一个特别漂亮的贝壳，上面有着美丽的纹路，我小心翼翼地把它收藏起来，好像是一份无价的宝藏。我还堆了一个巨大的沙堡，虽然最后被海浪冲垮了，但我笑得那么开心。因为有爸爸妈妈的陪伴，那种亲子间的默契和快乐让我感受到了家庭的温暖和幸福。

（六）最想去的地方

说起最想去的地方，大抵是我们一直想去，有所了解，却还未抵达的地方。对我来说最向往的地方就是北京。小的时候，总是听大人讲起来，好好读书，考上清华大学和北京大学，似乎读书的终点就是考到北京去，这是北京对我的最初影响。长大一点，了解了北京的美食、文物，特别是2008年北京奥运会的举办，让北京成为举世瞩目的城市，成为中国人共同向往的地方。

北京作为中国的首都，著名的历史文化名城，拥有众多世界级的文化遗产，如故宫、长城、天坛、颐和园等。故宫，又称紫禁城，是中国明清两代的皇家宫殿，也是世界上现存规模最大、保存最为完整的木质结构古建筑群之一。长城则是中国古代的军事防御工程，蜿蜒起伏，气势磅礴，是中华民族的象征之一。天坛和颐和园则是中国古代皇家的祭祀和园林艺术的杰出代表，展现了中华文化的博大精深。

在我的认知里，最能代表北京丰厚的传统文化底蕴和独特的生活方式的是老北京的四合院、胡同、茶馆等；正宗的北京小吃，如炸酱面、豆汁儿、焦圈；文化活动如京剧表演、相声大会等。北京作为中国的首都，拥有无限的发展机遇，这是影视剧里呈现给我的印象，白领、北漂、房价成为这个城市最具代表性的词汇。北京汇聚了众多国内外知名企业和高新技术企业，为求职者提供了丰富的就业机会和发展空间，使他们可以接触到最前沿的科技和文化，拓展国际视野，实现个人梦想。

总的来说，随着年龄的增长，对于北京的向往之情不断变化，北京以其丰富的文化遗产、繁华的都市景象、独特的风土人情以及无限的发展机遇，吸引着我。有一天，我一定创造条件去北京，去感受并寻找北京带给我的无限惊喜和可能。

（七）谈谈我了解的中国传统文化

说起中国传统文化，我总是充满自豪，为出生在中国这个古老的有丰富传统文化的国家而自豪。中国传统文化中，有爱人的传统，儒家强调仁爱、仁慈和礼仪，认为人应该以仁爱之心对待他人，体现出对他人的关爱、尊重和宽容。这种传统文化强调人与人之间的互助、理解和包容，是中国传统文化中弘扬人文精神、培育人格的重要价值观之一，通过实践"仁者爱人"，可以促进社会和谐、人际关系和睦，建立起和谐稳定的社会环境。

举例来说，对个人而言，要爱身边的人，从爱自己的至亲开始，爱父母、爱家人，然后爱身边的其他人。爱的方式有很多种，比如理解社会、体谅父母，对自己的长辈做到谦恭有礼；比如学会感恩，感恩那些在自己生命中留下美好印象的人和事，是他们让我们的世界变得更加丰富多彩。

从社会层面上来说，"仁者爱人"强调的是对他人的关爱与尊重，这种爱不是狭隘的亲情或友情，而是一种广泛的社会责任感和人文关怀。"仁者爱人"不仅是个人修养的核心理念，更是社会和谐与稳定的基石。要将"仁"和"礼"永存心中，以仁爱之心对待他人，以礼敬之心尊重他人。此外，儒家还提出了"忠恕"之道是实践"仁者爱人"的具体方法："忠"即"己欲立而立人，己欲达而达人"，强调积极帮助他人实现愿望；

"恕"即"己所不欲，勿施于人"，强调不将自己不愿意接受的事情强加给他人。这不仅塑造了中国人独特的伦理道德观念和行为准则，还对中国社会的和谐稳定与发展进步起到了积极的推动作用。

总的来说，"仁者爱人"的思想具有重要的现实意义和价值，它提醒我们要关注他人的需求和感受，积极履行社会责任和义务，共同推动社会的和谐与进步，要以更加开放和包容的心态去理解和尊重不同文化和价值观之间的差异。

（八）一件礼物

我最珍贵的礼物是爷爷写给我的信。

小的时候，爷爷因为识字总是监督我，让我好好读书，放学后总要先写作业，假期也不例外，因此印象中总是不能愉快地玩耍。为此，我总是感觉不到爷爷的爱，单纯地认为他就是老古董，顽固得不可思议。童年中，为了爱与不爱，充满着争论不休的吵闹。记得那一次，爷爷和奶奶因为我写作业发生激烈的争吵，他们俩大打出手，我当时还很小，被那个场面吓得瑟瑟发抖，瘦弱的我觉着自己很多余，于是我决定写一封信给爷爷，表达我稚嫩的想法。信的内容我记不清了，大概就是表达我的愧疚和担忧，认为是自己的存在，增大了家庭负担，引起爷爷奶奶的争吵。

过了不久，我收到了爷爷的回信。爷爷的字很清秀，我一直珍藏着，作为最珍贵的礼物。每每翻开那些泛黄的信纸，能感受到爷爷跨越时空的温暖与祝福。信中，爷爷告诉我，我是我们家族中唯一一个读书成绩好的女孩。他对我寄予厚望，我的每一次成长，每一个进步都带给他无尽的喜悦与希望。他还睿智地告诉我，人生是一场漫长的旅行，将来会遇到风和日丽，也会遭遇风雨交加，不可以轻视自己的存在。还让我记得，无论何时何地，都要保持一颗善良、勇敢和坚韧的心。还要求我珍惜身边的每一个人，无论是亲人、朋友还是那些短暂相遇的陌生人。

如今，爷爷早已经离开了我，但是无论我走到哪里，成为什么样的人，我都是爷爷心中永远的骄傲与牵挂。我想我会一直保持一颗纯真善良的心，勇敢地追求自己的梦想，享受生活的每一个瞬间。爷爷会一直在远方，默默地为我祈祷与祝福。所以爷爷的信对我的成长来说，是一份珍贵的礼物。

（九）如何保持良好的心态

心态也就是指人的心理状态。具体而言，就是人在一定情境之下各种心理活动的体现。美国社会心理学家马斯洛曾说："心态若改变，态度跟着改变；态度改变，习惯跟着改变；习惯改变，性格跟着改变；性格改变，人生就跟着改变。"可见，心态体现着每个人不同的自我意识、价值观和人生观，也对其行为选择、事情走向有着直接的影响。正面的心态让我们在面对任何困难和挑战时都能快速从负面情绪和想法中脱离出来，积极乐观地面对问题，在解决问题的过程中不断学习，不断成长，成就更有意义的生命价值和更美好的生命体验。因此，认识心态的重要性，调整不健康的心态，改变看待事物的角度、错误的思维模式和处理问题的方式是幸福人生的必修课。

对此，我们可以通过以下方式保持良好心态：

一是培养正向思维。学会从正面的角度看待问题，给予自己积极的心理暗示和鼓励，更多关注事情有利的方面和问题的实际解决，而不是让自己陷于消极抑郁的情绪和各种想象中。

二是保持学习成长型心态。通过持续地学习新思想、新技能和新知识，让我们能不断打破错误认知，正确认识世界和了解自己，适应复杂多变的世界，保持自我成长的活力。

三是坚持健康的生活方式，培养兴趣爱好。通过合理的膳食、规律的生活、充足的睡眠和适当的运动保持身体的健康，并在有益的兴趣爱好中获得愉悦感和成就感。

（十）谈谈历史人物对我的影响

历史随着时代的发展不断向前演进，当代的人自然也被包含在历史之中，于我个人而言，历史人物对我的影响较大。历史的主体是人，历史也是由人民创造的，而作为不同时代的人，可以从他们身上吸取许多有益的经验和教训。

我个人认为对我影响最大的历史人物是明代的张居正，他担任内阁首辅期间，明代出现了万历中兴的局面。从他从政期间的行为可以看出他对于目标的执着追求，为了改革吏治，他实行了考成法，使得官员更加注重实际工作，大大提高了国家的行政效率，并且能够及时发现国家的政治问题并进行改革，可见其思维观念的领先。张居正的这一做法深深影响了我，让我更加注重做事的实际效果，而不是只追求形式上的满足。从他这位改革家身上，更多地是学习其思维的灵活性和可行性，从而使我个人的想法与实际更好地结合，以便于更好地提升自己。

张居正的晚年是凄惨的，他死后被抄家，曾经的门生故吏纷纷弹劾他，自己倾尽半生辅佐的皇帝也不再信任他。原因何在？主要是专权过盛，威胁到了其他多数人的利益，从中吸取到的经验，我觉得是做事做人要有度有分寸，在人与人的交往中要懂得相互尊重，理解对方。张居正是个能人，但他不懂得控制自己的权力欲望，导致没得到善终，这也让我学到了在日常生活中要能够约束自己，不要过分放纵，使自己有意义地成长。

历史人物虽与当代人物存在时间上的阻隔，但是他们身上的宝贵经验，始终影响着他们之后的许多人，给他们带来独特的影响和意义。

（十一）我种植的植物

我说话的题目是"我种植的植物"。植物装点着我的生活，我爱生活，也爱植物，也喜欢种植植物。尤其看到植物从一颗种子发芽、慢慢生长，到最终开出美丽的花朵或结出果实，这个过程会让我感到满足和喜悦。

在我种过的植物中，我最喜欢的是一盆茉莉花。这盆茉莉花是我从花卉市场买回来的，当时它还只是一棵小小的苗。我把它种在一个透气的花盆里，每天精心照料，给它浇水、施肥、修剪枝叶。随着时间的推移，这棵茉莉花越长越茂盛，绿叶青翠，花朵洁白如雪、散发出阵阵清香，立刻就让家里充满了生机和活力。

除了茉莉花，我还种过绿萝、吊兰、仙人掌等。这些植物各有特色：吊兰适合放在阳台，通风好，能接受到散光的照射；绿萝和仙人掌则适合放在室内，适宜的温度已经能够满足它们的生长需求。通过种这些植物，我不仅学会了如何养护它们，还了解了它们的生长习性和特点。

此外，种植植物的过程也让我学到了很多知识，除了懂得不同植物的生长需要的阳光、水分、空气和养分等条件也不同之外，我还学会了如何识别植物的病虫害，比如红蜘蛛、蚜虫、蚧壳虫等，不同的病虫还需要采取相应的措施进行防治。这些经验不仅能让我更好地照顾我的植物，也让我更加关注身边的环境和自然。

　　总的来说，种植植物是一种非常有益和有趣的体验。通过种植植物，我不仅享受到了植物生长的过程和成果带来的乐趣，还学到了很多关于植物和自然的知识。我相信，只要我们用心去照料和关注身边的植物，就能让它们茁壮成长，使它们为我们的生活增添更多的色彩和活力。

附 录

附录1　普通话水平测试样卷

一、读单音节字词 (100个音节，限时3.5分钟)

耍	恩	恕	坎	菜	轰	爽	奥	舔	构	本	灌	坛	挡	坤	略	漆	尘	凸
邪	尊	蝶	军	磁	选	穷	抓	润	征	箔	卫	藤	屡	而	躁	油	撑	群
骚	熔	丝	德	鬼	肥	响	芽	陡	浓	嗓	末	瓢	每	吃	螺	匹	雄	册
甩	杭	鲁	翼	粉	壮	柴	致	方	外	憎	怕	温	窜	举	兽	搞	捐	氢
然	样	福	索	卦	窥	另	某	窍	阶	鬟	缺	下	倪	弯	禾	奸	堕	听
您	拜	扭	邀	傻														

二、读多音节词语 (100个音节，限时2.5分钟)

团结	爱护	能量	辞职	费用	考虑	纠正	窝囊	造句	那么	一块儿
俗话	目光	山脉	冰棍儿	磁带	耳朵	碰见	委托	宗派	准确	帆船
成分	入学	这会儿	细菌	统筹	破坏	没事儿	抓紧	强调	答应	劳驾
采购	咨询	凶猛	怎样	源泉	思想	敏感	恰当	别人	按照	窗帘
球场	收获	处理	咏叹调	凑巧	自始至终					

三、朗读短文 (400个音节，限时4分钟)

我们家的后园有半亩空地，母亲说："让它荒着怪可惜的，你们那么爱吃花生，就开辟出来种花生吧。"我们姐弟几个都很高兴，买种，翻地，播种，浇水，没过几个月，居然收获了。

母亲说："今晚我们过一个收获节，请你们父亲也来尝尝我们的新花生，好不好？"我们都说好。母亲把花生做成了好几样食品，还吩咐就在后园的茅亭里过这个节。

晚上天色不太好，可是父亲也来了，实在很难得。

父亲说："你们爱吃花生么？"

我们争着答应："爱！"

"谁能把花生的好处说出来？"

姐姐说："花生的味美。"

哥哥说："花生可以榨油。"

我说："花生的价钱便宜，谁都可以买来吃，都喜欢吃。这就是它的好处。"

父亲说："花生的好处很多，有一样最可贵。它的果实埋在地里，不像桃子、石榴、苹果那样，把鲜红嫩绿的果实高高地挂在枝头上，使人一见就生爱慕之心。你们看它矮矮地长在地上，等到成熟了，也不能立刻分辨出来它有没有果实，必须挖出来才知道。"

我们都说是，母亲也点点头。

父亲接下去说："所以你们要像花生，它虽然不好看，可是很有用，不是外表好看而没有实用的东西。"

我说："那么，人要做有用的人，不要做只讲体面，而对别人没有好处的人了。"

父亲说："对。这是我对你们的希望。"

我们谈到夜深才散。花生做的食品都吃完了，父亲的话却深深地印在我的心上。

四、命题说话（任选一个题目说3分钟）

1. 谈传统美德；
2. 我欣赏的历史人物。

附录2 zh—z 辨音字表

备注：表中的数字表示声调，①是阴平，②是阳平，③是上声，④是去声。

韵母	zh	z
a	①扎（驻～）渣 ②闸铡扎（挣～）札（信～） ③眨 ④乍炸榨蚱栅	①扎（包～）匝 ②杂砸
e	①遮 ②折哲辙 ③者 ④蔗浙这	②泽择责则
u	①朱珠蛛株诸猪 ②竹烛逐 ③主煮嘱 ④注蛀住柱驻贮祝铸筑箸	①租 ②族足卒 ③组阻祖
i	①之芝支枝肢知蜘汁只织脂 ②直植殖值执职 ③止址趾旨指纸只 ④至室致志治质帜挚掷秩置滞制智稚痔	①兹滋孳姿咨资孜龇辎 ③子仔籽梓滓紫 ④字自恣渍
ai	①摘斋 ②宅 ③窄 ④寨债	①灾哉栽 ③宰载（刊～） ④再在载（～重）

续表

韵母	zh	z
ei		②贼
ao	①昭招朝 ②着（～凉） ③找爪沼 ④照召赵兆罩	①遭糟 ②凿 ③早枣澡 ④造皂灶躁燥
ou	①州洲舟周粥 ②轴 ③帚肘 ④宙昼咒骤皱	①邹 ③走 ④奏揍
ua	①抓	
uo	①桌捉拙 ②着（～落）卓酌灼浊镯啄琢	①作（～坊） ②昨 ③左 ④坐座作柞祚做
ui	①追锥 ④缀赘坠	③嘴 ④最罪醉
an	①沾毡粘 ③盏展斩 ④占战站栈绽蘸	①簪 ②咱 ③攒 ④赞暂
en	①贞侦祯桢真帧 ③疹诊枕缜 ④振震阵镇	③怎
ang	①张章樟彰 ③长掌涨 ④丈仗杖帐涨瘴障	①赃脏（脏～） ④葬藏脏（心～）
eng	①正（～月）征争睁挣（～扎） ③整拯 ④正政症证郑挣（～脱）	①曾增缯 ④赠
ong	①中盅忠钟衷终 ③肿种（～子） ④中（～毒）种（～植）仲重众	①宗踪棕综鬃 ③总 ④纵粽
uan	①专砖 ③转（～换） ④传转（打～）撰篆赚	①钻 ③纂 ④钻（～石）
un	③准	①尊遵

续表

韵母	zh	z
uang	①庄桩装妆 ④壮状撞	

附录3　ch—c 辨音字表

备注：表中的数字表示声调，①是阴平，②是阳平，③是上声，④是去声。

韵母	ch	c
a	①叉杈插差（～别） ②茶搽查察 ③衩 ④岔诧差（～不多）	①擦嚓
e	①车 ③扯 ④彻撤掣	④册策厕侧测
u	①出初 ②除厨橱锄蹰刍雏 ③楚础杵储处（～分） ④畜触怵处（～所）	①粗 ④卒（仓～）猝促醋簇
i	①吃痴嗤 ②池弛迟持匙 ③尺齿耻侈豉 ④斥炽翅赤叱	①疵差（参～） ②雌辞词祠瓷慈磁 ③此 ④次伺刺赐
ai	①差拆钗 ②柴豺	①猜 ②才财材裁 ③采彩踩 ④菜蔡
ao	①抄钞超 ②朝潮嘲巢 ③吵炒	①操糙 ②曹漕嘈槽 ③草
ou	①抽 ②仇筹畴踌绸稠酬愁 ③瞅丑 ④臭	④凑
uo	①戳踔 ④绰（～号）辍啜	①搓蹉撮 ④措错挫锉

147

续表

韵母	ch	c
uai	①揣（怀~） ③揣（~测） ④踹	
ui	①吹炊 ②垂锤捶槌	①崔催摧 ④萃悴淬翠粹瘁脆
an	①搀掺 ②蝉禅谗潺缠蟾 ③铲产阐 ④忏颤	①餐参 ②蚕残惭 ③惨 ④灿
en	①琛嗔 ②辰晨宸沉忱陈臣 ④趁衬称（相~）	①参（~差） ②岑
ang	①昌猖娼伥 ②常嫦尝偿场（~院）肠长 ③厂场（操~）敞氅 ④倡唱畅怅	①仓苍舱沧 ②藏
eng	①称（自~）撑 ②成诚城盛（~水）呈承乘澄惩 ③逞骋 ④秤称（同"秤"）	②曾层 ④蹭
ong	①充冲（~动）舂 ②重虫崇 ③宠 ④冲（~压）	①匆葱囱聪 ②从丛淙
uan	①川穿 ②船传椽 ③喘 ④串钏	①蹿 ④窜篡
un	①春椿 ②唇纯淳醇 ③蠢	①村 ②存 ③忖 ④寸
uang	①窗疮创（~伤） ②床 ③闯 ④创（~造）	

附录 4 sh—s 辨音字表

备注：表中的数字表示声调，①是阴平，②是阳平，③是上声，④是去声。

韵母	sh	s
a	①沙纱砂痧杀杉 ③傻 ④煞厦（大～）	①撒（～手） ③洒撒（～种） ④卅萨飒
e	①奢赊 ②舌蛇 ③舍（～弃） ④社舍（宿～）射麝设摄涉赦	④塞（～责）瑟啬穑（稼～）色涩
u	①书梳疏蔬舒殳殊叔淑输抒纾枢 ②孰塾赎 ③暑署薯曙鼠数属黍 ④树竖术述束漱恕数	①苏酥 ②俗 ④素塑诉肃粟宿速
i	①尸师狮失施诗湿虱 ②十什拾石时识实食蚀 ③史使驶始屎矢 ④世势誓逝市示事是视室适饰士氏恃式试拭轼弑似（～的）	①司私思斯丝鸶 ③死 ④四肆似（～乎）寺
ai	①筛 ④晒	①腮鳃塞 ④塞（要～）赛
ao	①捎稍艄烧 ②勺芍杓韶 ③少（多～） ④少（～年）哨绍邵	①臊骚搔 ③扫（～除）嫂 ④扫（～帚）臊（害～）
ou	①收 ②熟 ③手首守 ④受授寿售兽瘦	①溲嗖飕搜艘馊 ③叟擞 ④嗽
ua	①刷 ③耍	
uo	①说 ④硕烁朔	①缩娑簑梭唆 ③所锁琐索

149

续表

韵母	sh	s
uai	①衰 ③甩 ④帅率蟀	
ui	②谁 ③水 ④税睡	①虽尿 ②绥隋随 ③髓 ④岁碎穗隧燧
an	①山舢删衫珊姗栅跚杉 ③闪陕 ④扇善膳缮擅赡	①三叁 ③伞散（～文） ④散（～场）
en	①申伸呻身深参（人～） ②神 ③沈审婶 ④慎肾甚渗	①森
ang	①商墒伤 ③响垧赏 ④上尚	①桑丧（～事） ③嗓 ④丧（～失）
eng	①生牲笙甥升声 ②绳 ③省 ④圣胜盛剩	①僧
ong		①松 ③悚 ④送宋颂诵
uan	①拴栓 ④涮	①酸 ④算蒜
un	④顺	①孙 ③笋损
uang	①双霜 ③爽	

附录 5 n—l 辨音字表

备注：表中的数字表示声调，①是阴平，②是阳平，③是上声，④是去声。

韵母	n	l
a	①那 ②拿 ③哪 ④那纳呐捺钠	①拉啦垃 ③喇 ④辣剌瘌蜡腊
e	呢	④乐勒
i	②尼泥呢（～喃）霓 ③你拟 ④腻匿	②离篱璃厘狸黎犁梨蜊 ③礼里理鲤李 ④力丽利立例历莉厉吏励隶荔
u	②奴 ③努 ④怒	②卢庐炉芦舻颅 ③卤虏鲁橹 ④碌陆路赂鹭露（～水）录鹿辘绿（～林）
ü	③女	②驴 ③吕侣铝旅屡缕 ④虑滤律率（效～）氯绿
ai	③乃奶 ④奈耐	②来 ④赖癞
ei	③馁 ④内	①勒 ②雷擂镭累（～赘） ③累（积～）垒儡蕾 ④累（劳～）类泪肋
ao	②挠蛲铙 ③脑恼 ④闹	①捞 ②劳痨牢 ③老姥 ④涝烙酪
ou		①搂 ②楼喽耧 ③搂篓 ④陋漏露
ia		③俩
ie	①捏 ④聂蹑镊镍孽	③咧 ④列烈裂劣猎冽洌

151

续表

韵母	n	l
iao	③鸟袅 ④尿	①撩 ②辽疗僚潦燎嘹聊寥 ③了 ④料廖
iu	①妞 ②牛 ③扭纽 ④拗	①溜 ②刘流琉硫留榴瘤 ③柳绺 ④六陆
uo	②挪 ④懦诺糯	①啰捋 ②罗萝逻箩锣螺骡 ③裸 ④落洛络骆
üe	④虐	④略掠
an	②难（～受）男南楠 ④难（落～）	②兰栏篮蓝婪 ③懒览揽榄缆 ④烂滥
ang	②囊	①啷 ②狼郎廊椰螂琅 ③朗 ④浪
eng	②能	②棱 ③冷 ④愣
ong	②农浓脓 ④弄	②龙咙聋笼隆癃 ③垄拢陇 ④弄（～堂）
ian	①蔫拈 ②年粘鲇 ③撵捻碾 ④念	②怜连莲联帘廉镰 ③脸敛 ④炼链练恋殓
in	②您	②邻鳞麟林淋琳临 ③凛 ④吝蔺赁
iang	②娘 ④酿	②良凉梁粮量（～体温） ③两 ④亮晾谅辆量（气～）

续表

韵母	n	l
ing	②宁（～静）拧（～毛巾）柠咛凝 ③拧（～开） ④宁（～可）泞佞	②灵龄伶蛉凌陵菱 ③岭领 ④令另
uan	③暖	②滦孪 ③卵 ④乱
un		①抡 ②仑伦沦轮 ④论

附录6　f—h 辨音字表

备注：表中的数字表示声调，①是阴平，②是阳平，③是上声，④是去声。

韵母	f	h
a	①发（～现） ②伐阀筏罚乏 ③法 ④发（毛～）	①哈
ai		①咳嗨 ②还 ③海 ④害
an	①帆翻番 ②烦繁樊凡矾 ③反返 ④饭贩泛范犯	①憨酣 ②寒含函涵 ③喊罕 ④汗旱捍焊憾
ang	①方芳 ②防妨房肪 ③仿访纺 ④放	②行航
ao		②豪毫壕 ③好（～坏） ④耗号好（～学）浩
e		①呵喝 ②核禾和合河何盒荷 ④贺鹤赫褐

153

续表

韵母	f	h
ei	①非菲啡扉飞 ②肥 ③斐翡诽匪 ④沸费废痱肺	①嘿黑
en	①分（～裂）芬吩纷 ②坟焚 ③粉 ④分（水～）份忿粪奋愤	②痕 ③狠很 ④恨
eng	①丰封风枫疯峰烽锋蜂 ②缝（～衣） ③讽 ④缝（裂～）奉凤	②横（～梁）衡 ④横（蛮～）
ong		①哄（～动）烘轰 ②红虹鸿洪宏 ③哄（～骗） ④哄（起～）
ou	③否	②喉 ③吼 ④厚候后
u	①夫肤麸敷孵 ②芙扶符弗拂伏袱乎俘浮幅福辐蝠服 ③斧釜府俯腑腐甫辅 ④父付附傅缚复腹馥覆副富赋负妇咐	①呼忽惚 ②胡湖葫糊蝴弧狐壶 ③虎唬 ④户沪护冴
ua		①花哗（～啦啦） ②划滑华（中～）哗（喧～）铧 ④化华（～山）话画划
uan		①欢 ②还环寰 ③缓 ④患幻涣换唤焕痪
uang		①荒慌 ②皇凰惶徨蝗黄璜簧 ③谎晃（虚～一刀）恍幌 ④晃（～动）
uai		②槐徊怀淮 ④坏

续表

韵母	f	h
ui		①灰恢诙挥辉徽 ②回茴蛔 ③毁悔 ④会绘烩海晦惠蕙汇贿讳慧荟
un		①昏阍婚荤 ②浑混（～蛋）馄魂 ④混（～合）
uo		①豁（～口） ②活 ③火伙 ④或获霍货豁（～达）

附录 7　an—ang 辨音字表

备注：表中的数字表示声调，①是阴平，②是阳平，③是上声，④是去声。

声母	an	ang
×	①安桉氨鞍庵鹌谙 ③俺铵 ④岸按案胺暗黯	①肮 ②昂 ④盎
b	①扳颁班斑般搬 ③阪坂板版钣版 ④办半伴拌绊扮瓣	①邦帮梆浜 ③绑榜膀 ④蚌棒傍谤磅镑
p	①番潘攀 ②爿胖（心广体～）盘磐蟠蹒 ④判叛畔盼	①乓滂膀（～肿） ②庞旁膀（～胱）磅螃 ③榜 ④胖（肥～）
m	②埋蛮谩（欺～）蔓（～菁）馒鳗瞒 ③满螨 ④曼谩（～骂）蔓（枝～）幔慢漫	②邙芒忙盲氓茫硭 ③莽蟒
f	①帆番蕃幡藩翻 ②凡矾钒烦蕃樊繁 ③反返 ④犯范饭贩泛梵	①方坊（书～）芳 ②防坊（磨～）妨肪房鲂 ③仿访纺舫 ④放

155

续表

声母	an	ang
d	①丹担（～任）单郸殚眈耽 ③胆疸掸 ④石（一千～）旦但担（～子）诞淡惮弹蛋氮澹	①当（～然）铛裆 ③挡（抵～）党 ④当（恰～）挡（搭～）档凼荡宕
t	①坍贪摊滩瘫 ②坛昙谈郯痰弹覃谭潭檀 ③忐坦钽袒毯 ④叹炭碳探	①汤铴镗 ②唐塘搪溏瑭糖堂膛螳棠 ③倘惝淌躺傥 ④烫趟
n	①囡 ②男南喃楠难（～题） ③腩 ④难（遇～）	①囔 ②囊馕 ③攮
l	②兰拦栏岚婪谰阑澜蓝褴篮 ③览揽缆榄懒 ④烂滥	①啷 ②郎廊榔螂狼琅锒 ③朗 ④浪
g	①干（～脆）杆（～子）肝竿甘泔柑尴 ③杆（秤～）秆赶擀敢橄感 ④干（树～）赣	①冈刚纲钢（～铁）扛肛缸罡 ③岗港 ④杠钢（～刀布）戆
k	①刊看（～护）堪 ③坎砍侃槛 ④看（～见）阚瞰	①康慷糠 ②扛 ④亢伉抗炕
h	①鼾酣憨 ②邗汗（可～）邯含晗函涵韩寒 ③罕喊 ④汉汗（～水）旱捍悍焊颔翰瀚撼憾	①夯 ②行吭杭航 ④巷
zh	①占（～卜）沾毡粘旃詹谵瞻 ③斩崭盏展搌辗 ④占（～领）战站栈绽湛颤蘸	①张章彰獐漳樟蟑 ③长涨（上～）掌 ④丈仗杖账帐涨（头昏脑～）障瘴
ch	①掺搀 ②单（～于）婵禅蝉谗馋孱潺缠 ③产铲谄阐 ④忏颤	①昌菖猖娼鲳 ②长苌肠尝偿徜常嫦 ③厂场昶惝敞 ④怅畅倡唱

156

续表

声母	an	ang
sh	①山舢芟杉衫删姗珊栅跚苫（草～子）扇煽膻 ③闪陕 ④讪汕疝苫（～布）单掸禅扇骟善缮膳擅赡鳝	①伤殇商墒 ③上（～声）垧晌赏 ④上（～下）尚绱
r	②蚺然燃 ③冉苒染	①嚷 ②瓤 ③壤攘嚷 ④让
z	①糌簪 ②咱 ③拶 ④暂錾赞瓒	①赃脏臧 ③驵 ④脏奘葬藏
c	①参骖餐 ②残蚕惭 ③惨 ④灿孱璨	①仓苍沧舱 ②藏
s	①三叁 ③伞散糁椮 ④散	①丧桑 ③搡嗓 ④丧

附录8　en—eng 辨音字表

备注：表中的数字表示声调，①是阴平，②是阳平，③是上声，④是去声。

声母	en	eng
×	①恩 ④摁	
b	①奔 ③本 ④笨	①崩绷（～直） ②甭 ③绷（～脸） ④迸蹦泵
p	①喷（～泉） ②盆 ④喷（～香）	①烹 ②朋棚硼鹏彭澎膨 ③捧 ④碰

157

续表

声母	en	eng
m	①闷（～热） ②门们 ④闷（愁～）	①蒙（～骗） ②盟萌蒙（～混）檬朦 ③猛蜢锰 ④梦孟
f	①分芬纷吩 ②坟焚汾 ③粉 ④奋份粪忿愤	①风枫疯蜂峰丰封 ②逢缝（～补）冯 ③讽 ④奉凤缝（～隙）
d		①登灯 ③等 ④邓凳瞪
t		②疼腾誊滕藤
n	④嫩	②能
l		②棱 ③冷 ④愣
g	①根跟 ②哏 ③艮	①耕庚羹更（～新） ③耿梗 ④更（～加）
k	③肯啃垦恳 ④裉	①坑
h	②痕 ③很狠 ④恨	①亨哼 ②横（～竖）衡恒 ④横（蛮～）
zh	①真贞针侦珍胗斟 ③诊疹枕 ④振震镇阵	①争筝睁征正（～月）挣（～扎）蒸 ③整拯 ④正（～确）政证症郑挣（～脱）
ch	①嗔抻 ②晨辰沉忱陈臣尘 ③碜 ④衬趁称	①称撑 ②成城诚承呈程惩澄乘盛 ③逞骋 ④秤
sh	①申伸呻绅身深 ②神 ③沈审婶 ④甚慎肾渗	①生牲笙甥升声 ②绳 ③省 ④圣胜盛剩

续表

声母	en	eng
r	②人仁壬 ③忍 ④任认刃纫韧	①扔 ②仍
z	③怎	①曾增憎 ④赠锃
c	①参（～差） ②岑	②曾层 ④蹭
s	①森	①僧

附录9　in—ing 辨音字表

备注：表中的数字表示声调，①是阴平，②是阳平，③是上声，④是去声。

声母	in	ing
×	①因姻殷音阴荫（树～） ②银龈垠吟寅淫 ③引蚓隐瘾饮尹 ④印荫（～凉）	①英应鹰婴樱缨鹦 ②营莹萤盈迎赢 ③影 ④映硬应
b	①宾滨缤彬 ④殡鬓	①兵冰 ③丙柄秉饼禀 ④病并
p	①拼 ②贫频 ③品 ④聘	①乒 ②平苹萍屏瓶凭
m	②民 ③敏皿闽悯泯	②名茗铭明鸣冥 ④命
d		①丁叮钉仃 ③顶鼎 ④定锭订
t		①听厅汀 ②亭停廷庭蜓 ③挺艇

续表

声母	in	ing
n	②您	②宁狞拧凝 ③拧（～巴） ④宁佞
l	②林琳淋磷邻鳞麟 ③凛禀檩 ④吝赁蔺	②灵伶蛉玲零铃龄菱陵凌绫 ③岭领 ④另令
j	①今斤巾金津襟筋 ③紧锦仅谨馑 ④尽劲缙觐烬近晋禁浸	①京惊鲸茎经菁精睛晶荆兢梗 ③景颈井警 ④敬镜竟净静境竞径劲
q	①亲侵钦 ②勤琴芹秦禽擒 ③寝 ④沁	①氢轻倾青清蜻卿 ②情晴擎 ③顷请 ④庆亲
x	①新薪辛锌欣心馨 ④信衅	①星腥猩兴（～盛） ②形刑型邢行 ③省醒 ④幸姓性杏兴（～趣）

附录10 i—ü 辨音字表

备注：表中的数字表示声调，①是阴平，②是阳平，③是上声，④是去声。

声母	i	ü
j	①跻机饥肌讥叽积击基激鸡缉畸犄稽 ②籍急疾嫉吉集及级极即棘辑瘠 ③挤济（～～一堂）给几己脊 ④忌记纪伎季寂计继既寄祭济（接～）剂迹际绩	①鞠拘居 ②局菊橘 ③举沮咀矩 ④巨距据锯剧具聚惧飓句
q	①期欺栖凄蹊漆七柒沏 ②其奇棋旗骑崎歧齐脐祈 ③起岂企乞启 ④气汽弃契砌迄器	①趋区驱躯曲（～折）屈祛蛆 ②渠 ③曲（乐～）取娶龋 ④趣去

续表

声母	i	ü
x	①西牺吸希稀夕矽奚溪膝犀悉蟋锡昔惜析嬉息熄 ②席习檄袭媳 ③喜洗铣 ④系戏细	①需虚须 ②徐 ③许 ④畜蓄叙序絮恤婿酗绪续
y	①壹一医衣依 ②移彝宜颐遗仪疑姨 ③乙已以倚 ④意癔薏臆义议毅亿忆艺呓译驿异益抑翼易亦屹逸肄谊疫役	①淤迂 ②舆余鱼渔愉逾娱 ③雨予语羽宇与（赠～）屿 ④预玉愈谕喻郁育遇寓浴欲裕御狱与（参～）豫尉驭

附录 11　普通话异读词审音表

（1985 年 12 月）

说　明

一、本表所审，主要是普通话有异读的词和有异读的作为"语素"的字。不列出多音多义字的全部读音和全部义项，与字典、词典形式不同，例如："和"字有多种义项和读音，而本表仅列出原有异读的八条词语，分列于 hè 和 huo 两种读音之下（有多种读音，较常见的在前。下同）；其余无异读的音、义均不涉及。

二、在字后注明"统读"的，表示此字不论用于任何词语中只读一音（轻声变读不受此限），本表不再举出词例。例如："阀"字注明"fá（统读）"，原表"军阀""学阀""财阀"条和原表所无的"阀门"等词均不再举。

三、在字后不注"统读"的，表示此字有几种读音，本表只审订其中有异读的词语的读音。例如"艾"字本有 ài 和 yì 两音，本表只举"自怨自艾"一词，注明此处读 yì 音；至于 ài 音及其义项，并无异读，不再赘列。

四、有些字有文白二读，本表以"文"和"语"作注。前者一般用于书面语言，用于复音词和文言成语中；后者多用于口语中的单音词及少数日常生活事物的复音词中。这种情况在必要时各举词语为例。例如："杉"字下注"（一）shān（文）：紫～、红～、水～；（二）shā（语）：～篙、～木"。

五、有些字除附举词例之外，酌加简单说明，以便读者分辨。说明或按具体字义，或按"动作义""名物义"等区分，例如："畜"字下注"（一）chù（名物义）：～力、家～、牲～、幼～；（二）xù（动作义）：～产、～牧、～养"。

六、有些字的几种读音中某音用处较窄，另音用处甚宽，则注"除××（较少的词）念乙音外，其他都念甲音"，以避免列举词条繁而未尽、挂一漏万的缺点。例如："结"字下注"除'～了个果子''开花～果''～巴''～实'念 jiē 之外，其他都念 jié"。

161

七、由于轻声问题比较复杂，除《初稿》涉及的部分轻声词之外，本表一般不予审订，并删去部分原审的轻声词，例如"麻刀（dɑo）""容易（yi）"等。

八、本表酌增少量有异读的字或词，作了审订。

九、除因第二、六、七各条说明中所举原因而删略的词条之外，本表又删汰了部分词条。主要原因是：1. 现已无异读（如"队伍""理会"）；2. 罕用词语（如"表分""仔密"）；3. 方言土音（如"归里包堆〔zuī〕""告送〔song〕"）；4. 不常用的文言词语（如"刍荛""氍毹"）；5. 音变现象（如"胡里八涂〔tū〕""毛毛腾腾〔tēngtēng〕"）；6. 重复累赘（如原表"色"字的有关词语分列达23条之多）。删汰条目不再编入。

十、人名、地名的异读审订，除原表已涉及的少量词条外，留待以后再审。

A
阿（一）ā　～訇　～罗汉　～木林　～姨　（二）ē　～谀　～附　～胶　～弥陀佛
挨（一）āi　～个　～近　（二）ái　～打　～说
癌 ái（统读）
霭 ǎi（统读）
蔼 ǎi（统读）
隘 ài（统读）
谙 ān（统读）
埯 ǎn（统读）
昂 áng（统读）
凹 āo（统读）
拗（一）ào　～口　（二）niù　执～　脾气很～
坳 ào（统读）
B
拔 bá（统读）
把 bà　印～子
白 bái（统读）
膀 bǎng　翅～
蚌（一）bàng　蛤～　（二）bèng　～埠
傍 bàng（统读）
磅 bàng　过～
龅 bāo（统读）
胞 bāo（统读）
薄（一）báo（语）常单用，纸很～　（二）bó（文）多用于复音词，～弱　稀～　淡～　尖嘴～舌　单～厚～
堡（一）bǎo　碉～　～垒　（二）bǔ　～子　吴～　瓦窑～　柴沟～　（三）pù　十里～

续表

暴（一）bào ～露 （二）pù 一～（曝）十寒
爆 bào（统读）
焙 bèi（统读）
惫 bèi（统读）
背 bèi ～脊 ～静
鄙 bǐ（统读）
俾 bǐ（统读）
笔 bǐ（统读）
比 bǐ（统读）
臂（一）bì 手～ ～膀 （二）bei 胳～
庇 bì（统读）
髀 bì（统读）
避 bì（统读）
辟 bì 复～
裨 bì ～补 ～益
婢 bì（统读）
痹 bì（统读）
壁 bì（统读）
蝙 biān（统读）
遍 biàn（统读）
骠（一）biāo 黄～马 （二）piào ～骑 ～勇
傧 bīn（统读）
缤 bīn（统读）
濒 bīn（统读）
殡 bìn（统读）
屏（一）bǐng ～除 ～弃 ～气 ～息 （二）píng ～藩 ～风
柄 bǐng（统读）
波 bō（统读）
播 bō（统读）
菠 bō（统读）
剥（一）bō（文）～削 （二）bāo（语）
泊（一）bó 淡～ 飘～ （二）pō 湖～ 血～
帛 bó（统读）

续表

勃 bó（统读）
钹 bó（统读）
伯 （一）bó ~~ （bo）老~ （二）bǎi 大~子（丈夫的哥哥）
箔 bó（统读）
簸 （一）bǒ 颠~ （二）bò ~箕
脖 bo 胳~
卜 bo 萝~
醭 bú（统读）
哺 bǔ（统读）
捕 bǔ（统读）
鹡 bǔ（统读）
埠 bù（统读）
C
残 cán（统读）
惭 cán（统读）
灿 càn（统读）
藏 （一）cáng 矿~ （二）zàng 宝~
糙 cāo（统读）
嘈 cáo（统读）
螬 cáo（统读）
厕 cè（统读）
岑 cén（统读）
差 （一）chā（文）不~累黍 不~什么 偏~ 色~ ~别 视~ 误~ 电势~ 一念之~ ~池 ~错 言~ 语错 一~二错 阴错阳~ ~等 ~额 ~价 ~强人意 ~数 ~异（二）chà（语）~不多 ~不离 ~点儿 （三）cī 参~
猹 chá（统读）
搽 chá（统读）
阐 chǎn（统读）
羼 chàn（统读）
颤 （一）chàn ~动 发~ （二）zhàn ~栗（战栗）打~（打战）
韂 chàn（统读）
伥 chāng（统读）

续表

场（一）chǎng ～合 ～所 冷～ 捧～ （二）cháng 外～ 圩～ ～院 一～雨 （三）chang 排～	
钞 chāo（统读）	
巢 cháo（统读）	
嘲 cháo ～讽 ～骂 ～笑	
耖 chào（统读）	
车（一）chē 安步当～ 杯水～薪 闭门造～ 螳臂当～ （二）jū（象棋棋子名称）	
晨 chén（统读）	
称 chèn ～心 ～意 ～职 对～ 相～	
撑 chēng（统读）	
乘（动作义，念 chéng） 包～制 ～便 ～风破浪 ～客 ～势 ～兴	
橙 chéng（统读）	
惩 chéng（统读）	
澄（一）chéng（文）～清（二）dèng（语）单用，把水～清了	
痴 chī（统读）	
吃 chī（统读）	
弛 chí（统读）	
褫 chí（统读）	
尺 chǐ ～寸 ～头	
豉 chǐ（统读）	
侈 chǐ（统读）	
炽 chì（统读）	
春 chōng（统读）	
冲 chòng ～床 ～模	
臭（一）chòu 遗～万年 （二）xiù 乳～ 铜～	
储 chǔ（统读）	
处 chǔ（动作义）～罚 ～分 ～决 ～理 ～女 ～置	
畜（一）chù（名物义） ～力 家～ 牲～ 幼～ （二）xù（动作义）～产 ～牧 ～养	
触 chù（统读）	
搐 chù（统读）	
绌 chù（统读）	
黜 chù（统读）	
闯 chuǎng（统读）	

创 (一) chuàng 草~ ~举 首~ ~造 ~作 (二) chuāng ~伤 重~
绰 (一) chuò ~~有余 (二) chuo 宽~
疵 cī（统读）
雌 cí（统读）
赐 cì（统读）
伺 cì ~候
枞 (一) cōng ~树 (二) zōng ~阳〔地名〕
从 cóng（统读）
丛 cóng（统读）
攒 cuán 万头~动 万箭~心
脆 cuì（统读）
撮 (一) cuō ~儿 一~儿盐 一~儿匪帮 (二) zuǒ 一~儿毛
措 cuò（统读）
D
搭 dā（统读）
答 (一) dá 报~ ~复 (二) dā ~理 ~应
打 dá 苏~ 一~（十二个）
大 (一) dà ~夫（古官名） ~王（如爆破~王、钢铁~王） (二) dài ~夫（医生） ~黄（草本植物） ~王（如山~王） ~城〔地名〕
呆 dāi（统读）
傣 dǎi（统读）
逮 (一) dài（文）~捕 (二) dǎi（语）单用，~蚊子 ~特务
当 (一) dāng ~地 ~间儿 ~年（指过去） ~日（指过去） ~天（指过去） ~时（指过去） (二) dàng 一个~俩 安步~车 适~ ~年（同一年） ~日（同一时候） ~天（同一天）
档 dàng（统读）
蹈 dǎo（统读）
导 dǎo（统读）
倒 (一) dǎo 颠~ 颠~是非 颠~黑白 颠三~四 倾箱~箧 排山~海 ~板 ~嚼 ~仓 ~嗓 ~戈 潦~ (二) dào ~粪（把粪弄碎）
悼 dào（统读）
纛 dào（统读）
凳 dèng（统读）
羝 dī（统读）

续表

氐 dī〔古民族名〕
堤 dī（统读）
提 dī ～防
的 dí ～当 ～确
抵 dǐ（统读）
蒂 dì（统读）
缔 dì（统读）
谛 dì（统读）
跌 diē（统读）
蝶 dié（统读）
订 dìng（统读）
都（一）dōu ～来了 （二）dū ～市 首～ 大～（大多）
堆 duī（统读）
吨 dūn（统读）
盾 dùn（统读）
多 duō（统读）
咄 duō（统读）
掇（一）duō～弄 （二）duo 撺～ 掇～
裰 duō（统读）
踱 duó（统读）
度 duó 忖～ ～德量力
E
婀 ē（统读）
F
伐 fá（统读）
阀 fá（统读）
砝 fǎ（统读）
法 fǎ（统读）
发 fà 理～ 脱～ 结～
帆 fān（统读）
藩 fān（统读）
梵 fàn（统读）
坊（一）fāng 牌～ ～巷 （二）fáng 粉～ 磨～ 碾～ 染～ 油～ 谷～

167

续表

妨 fáng（统读）
防 fáng（统读）
肪 fáng（统读）
沸 fèi（统读）
汾 fén（统读）
讽 fěng（统读）
肤 fū（统读）
敷 fū（统读）
俘 fú（统读）
浮 fú（统读）
服 fú ～毒 ～药
拂 fú（统读）
辐 fú（统读）
幅 fú（统读）
甫 fǔ（统读）
复 fù（统读）
缚 fù（统读）
g
噶 gá（统读）
冈 gāng（统读）
刚 gāng（统读）
岗 gǎng ～楼 ～哨 ～子 门～ 站～ 山～子
港 gǎng（统读）
葛（一）gé ～藤 ～布 瓜～ （二）gě〔姓〕（包括单、复姓）
隔 gé（统读）
革 gé ～命 ～新 改～
合 gě（一升的十分之一）
给（一）gěi（语）单用，送～他 ～力。 （二）jǐ（文） 补～ 供～ 供～制 ～予 配～ 自～自足
亘 gèn（统读）
更 gēng 五～ ～生
供（一）gōng ～给 提～ ～销 （二）gòng 口～ 翻～ 上～
佝 gōu（统读）
枸 gǒu ～杞

168

续表

勾 gòu ～当
估（除"～衣"读 gù 外，其余都读 gū）
骨（除"～碌""～朵"读 gū 外，其余都读 gǔ）
谷 gǔ ～雨
锢 gù（统读）
冠（一）guān（名物义） ～心病 （二）guàn（动作义）沐猴而～ ～军
犷 guǎng（统读）
庋 guǐ（统读）
桧（一）guì［树名］ （二）huì［人名］秦～
刽 guì（统读）
聒 guō（统读）
蝈 guō（统读）
过（除姓氏读 guō 外，其余都读 guò）
H
虾 há ～蟆
哈（一）hǎ ～达 （二）hà ～什蚂
汗 hán 可～
巷 hàng ～道
号 háo 寒～虫
和（一）hè 唱～ 附～ 曲高～寡 （二）huo 搀～ 搅～ 暖～ 热～ 软～
貉（一）hé（文） 一丘之～ （二）háo（语） ～绒 ～子
壑 hè（统读）
褐 hè（统读）
喝 hè ～采 ～道 ～令 ～止 呼幺～六
鹤 hè（统读）
黑 hēi（统读）
亨 hēng（统读）
横（一）héng ～肉 ～行霸道 （二）hèng 蛮～ ～财
訇 hōng（统读）
虹（一）hóng（文）～彩 ～吸 （二）jiàng（语）单说
讧 hòng（统读）
囫 hú（统读）
瑚 hú（统读）

169

续表

蝴 hú（统读）
桦 huà（统读）
徊 huái（统读）
踝 huái（统读）
浣 huàn（统读）
黄 huáng（统读）
荒 huang　饥~（指经济困难）
诲 huì（统读）
贿 huì（统读）
会 huì　一~儿　多~儿　~厌（生理名词）
混 hùn　~合　~乱　~凝土　~淆　~血儿　~杂
蠖 huò（统读）
霍 huò（统读）
豁 huò　~亮
获 huò（统读）
J
羁 jī（统读）
击 jī（统读）
奇 jī　~数
芨 jī（统读）
缉（一）jī　通~　侦~　（二）qī　~鞋口
几 jī　茶~　条~
圾 jī（统读）
戢 jí（统读）
疾 jí（统读）
汲 jí（统读）
棘 jí（统读）
藉 jí　狼~（籍）
嫉 jí（统读）
脊 jí（统读）
纪（一）jǐ〔姓〕　（二）jì　~念　~律　纲~　~元
偈 jì　~语
绩 jì（统读）

续表

迹 jì（统读）
寂 jì（统读）
箕 jī 簸~
辑 jí 逻~
茄 jiā 雪~
夹 jiā ~带藏掖 ~道儿 ~攻 ~棍 ~生 ~杂 ~竹桃 ~注
浃 jiā（统读）
甲 jiǎ（统读）
歼 jiān（统读）
鞯 jiān（统读）
间（一）jiān ~不容发 中~ （二）jiàn 中~儿 ~道 ~谍 ~断 ~或 ~接 ~距 ~隙 ~续 ~阻 ~作 挑拨离~
趼 jiǎn（统读）
俭 jiǎn（统读）
缰 jiāng（统读）
膙 jiǎng（统读）
嚼（一）jiáo（语）味同~蜡 咬文~字 （二）jué（文）咀~ 过屠门而大~ （三）jiào 倒~（倒嚼）
侥 jiǎo ~幸
角（一）jiǎo 八~（大茴香） ~落 独~戏 ~膜 ~度 ~儿（犄~） ~楼 勾心斗~ 号~ 口~（嘴~） 鹿~菜 头~ （二）jué ~斗 ~儿（脚色） 口~（吵嘴） 主~儿 配~儿 ~力 捧~儿
脚（一）jiǎo 根~ （二）jué ~儿（也作"角儿""脚色"）
剿（一）jiǎo 围~ （二）chāo ~说 ~袭
校 jiào ~勘 ~样 ~正
较 jiào（统读）
酵 jiào（统读）
嗟 jiē（统读）
疖 jiē（统读）
结（除"~了个果子""开花~果""~巴""~实"读 jiē 之外，其余都读 jié）
睫 jié（统读）
芥（一）jiè ~菜（一般的芥菜） ~末 （二）gài ~菜（也作"盖菜"） ~蓝菜
矜 jīn ~持 自~ ~怜
仅 jǐn ~~ 绝无~有

171

续表

谨 jǐn（统读）
觐 jìn（统读）
浸 jìn（统读）
斤 jīn　千～（起重的工具）
茎 jīng（统读）
粳 jīng（统读）
鲸 jīng（统读）
境 jìng（统读）
痉 jìng（统读）
劲 jìng　刚～
窘 jiǒng（统读）
究 jiū（统读）
纠 jiū（统读）
鞠 jū（统读）
鞫 jū（统读）
掬 jū（统读）
苴 jū（统读）
咀 jǔ　～嚼
矩（一）jǔ　～形　（二）ju　规～
俱 jù（统读）
龟 jūn　～裂（也作"皲裂"）
菌（一）jūn　细～ 病～ 杆～ 霉～　（二）jùn　香～ ～子
俊 jùn（统读）
K
卡（一）kǎ　～宾枪 ～车 ～介苗 ～片 ～通　（二）qiǎ　～子 关～
揩 kāi（统读）
慨 kǎi（统读）
忾 kài（统读）
勘 kān（统读）
看 kān　～管 ～护 ～守
慷 kāng（统读）
拷 kǎo（统读）
坷 kē　～拉（垃）

续表

疴 kē（统读）	
壳（一）ké（语）～儿 贝～儿 脑～ 驳～枪 （二）qiào（文） 地～ 甲～ 躯～	
可（一）kě ～～儿的 （二）kè ～汗	
恪 kè（统读）	
刻 kè（统读）	
克 kè ～扣	
空（一）kōng ～心砖 ～城计 （二）kòng ～心吃药	
抠 kōu（统读）	
矻 kū（统读）	
酷 kù（统读）	
框 kuàng（统读）	
矿 kuàng（统读）	
傀 kuǐ（统读）	
溃（一）kuì ～烂 （二）huì～脓	
篑 kuì（统读）	
括 kuò（统读）	
L	
垃 lā（统读）	
邋 lā（统读）	
啷 lǎn（统读）	
缆 lǎn（统读）	
蓝 lan 苤～	
琅 láng（统读）	
捞 lāo（统读）	
劳 láo（统读）	
醪 láo（统读）	
烙（一）lào ～印 ～铁 ～饼 （二）luò 炮～（古酷刑）	
勒（一）lè（文） ～逼 ～令 ～派 ～索 悬崖～马 （二）lēi（语） 多单用。	
擂（除"～台""打～"读lèi外，其余都读léi）	
礌 léi（统读）	
羸 léi（统读）	
蕾 lěi（统读）	

173

累（一）lèi 辛劳义，受~ 受劳~ （二）léi ~赘 （三）lěi 牵连义，带~ ~及 连~ 赔~ 牵~ 受~
蠡（一）lí 管窥~测 （二）lǐ ~县 范~
喱 lí（统读）
连 lián（统读）
敛 liǎn（统读）
恋 liàn（统读）
量（一）liàng ~入为出 忖~ （二）liang 打~ 掂~
踉 liàng ~跄
潦 liáo ~草 ~倒
劣 liè（统读）
挒 liè（统读）
趔 liè（统读）
拎 līn（统读）
邻 lín（统读）
淋（一）lín ~浴 ~漓 ~巴 （二）lìn ~硝 ~盐 ~病
蛉 líng（统读）
榴 liú（统读）
馏（一）liú（文） 干~ 蒸~ （二）liù（语） ~馒头
镏 liú ~金
碌 liù ~碡
笼（一）lóng 名物义，~子 牢~ （二）lǒng 动作义，~络 ~括 ~统 ~罩
偻（一）lóu 佝~ （二）lǚ 伛~
瞜 lou 䁖~
庐 lú（统读）
掳 lǔ（统读）
露（一）lù（文） 赤身~体 ~天 ~骨 ~头角 藏头~尾 抛头~面 ~头（矿） （二）lòu（语） ~富 ~苗 ~光 ~相 ~马脚 ~头
氇 lǔ（统读）
捋（一）lǚ ~胡子 （二）luō ~袖子
绿（一）lǜ（语） （二）lù（文）~林 鸭~江
挛 luán（统读）
孪 luán（统读）

续表

掠 lüè（统读）	
囵 lún（统读）	
络 luò ～腮胡子	
落 （一）luò（文） ～膘 ～花生 ～魄 涨～ ～槽 着～ （二）lào（语） ～架 ～色 ～炕 ～枕 ～儿 ～子（一种曲艺） （三）là（语）遗落义，丢三～四 ～在后面	
M	
脉（除"～～"读 mòmò 外，其余都读 mài）	
漫 màn（统读）	
蔓 （一）màn（文） ～延 不～不支 （二）wàn（语） 瓜～ 压～	
牤 māng（统读）	
氓 máng 流～	
芒 máng（统读）	
铆 mǎo（统读）	
瑁 mào（统读）	
虻 méng（统读）	
盟 méng（统读）	
祢 mí（统读）	
眯 （一）mí ～了眼（灰尘等入目，也作"迷"） （二）mī ～了一会儿（小睡） ～缝着眼（微微合目）	
靡 （一）mí ～费 （二）mǐ 风～ 委～ 披～	
秘（除"～鲁"读 bì 外，其余都读 mì）	
泌 （一）mì（语） 分～ （二）bì（文） ～阳〔地名〕	
娩 miǎn（统读）	
渺 miǎo（统读）	
皿 mǐn（统读）	
闽 mǐn（统读）	
茗 míng（统读）	
酩 mǐng（统读）	
谬 miù（统读）	
摸 mō（统读）	
模 （一）mó ～范 ～式 ～型 ～糊 ～特儿 ～棱两可 （二）mú ～子 ～具 ～样	
膜 mó（统读）	
摩 mó 按～ 抚～	

续表

嬷 mó（统读）	
墨 mò（统读）	
耱 mò（统读）	
沫 mò（统读）	
缪 móu 绸～	
N	
难 （一）nán 困～（或变轻声） ～兄～弟（难得的兄弟，现多用作贬义） （二）nàn 排～解纷 发～ 刁～ 责～ ～兄～弟（共患难或同受苦难的人）	
蝻 nǎn（统读）	
蛲 náo（统读）	
讷 nè（统读）	
馁 něi（统读）	
嫩 nèn（统读）	
恁 nèn（统读）	
妮 nī（统读）	
拈 niān（统读）	
鲇 nián（统读）	
酿 niàng（统读）	
尿 （一）niào 糖～症 （二）suī（只用于口语名词） 尿（niào）～ ～脬	
嗫 niè（统读）	
宁 （一）níng 安～ （二）nìng ～可 无～〔姓〕	
忸 niǔ（统读）	
脓 nóng（统读）	
弄 （一）nòng 玩～ （二）lòng ～堂	
暖 nuǎn（统读）	
衄 nǜ（统读）	
疟 （一）nüè（文）～疾 （二）yào（语）发～子	
娜 （一）nuó 婀～ 袅～ （二）nà（人名）	
O	
殴 ōu（统读）	
呕 ǒu（统读）	
P	
杷 pá（统读）	

续表

琶 pá（统读）	
牌 pái（统读）	
排 pǎi ～子车	
迫 pǎi ～击炮	
湃 pài（统读）	
爿 pán（统读）	
胖 pán 心广体～（～为安舒貌）	
蹒 pán（统读）	
畔 pàn（统读）	
乓 pāng（统读）	
滂 pāng（统读）	
脬 pāo（统读）	
胚 pēi（统读）	
喷（一）pēn ～嚏 （二）pèn ～香 （三）pen 嚏～	
澎 péng（统读）	
坯 pī（统读）	
披 pī（统读）	
匹 pǐ（统读）	
僻 pì（统读）	
譬 pì（统读）	
片（一）piàn ～子 唱～ 画～ 相～ 影～ ～儿会 （二）piān（口语一部分词）～子 ～儿 唱～儿 画～儿 相～儿 影～儿	
剽 piāo（统读）	
缥 piāo ～缈（飘渺）	
撇 piē ～弃	
聘 pìn（统读）	
乒 pīng（统读）	
颇 pō（统读）	
剖 pōu（统读）	
仆（一）pū 前～后继 （二）pú ～从	
扑 pū（统读）	
朴（一）pǔ 俭～ ～素 ～质 （二）pō ～刀 （三）pò ～硝 厚～	
蹼 pǔ（统读）	

续表

瀑 pù ～布	
曝 （一）pù 一～十寒 （二）bào ～光（摄影术语）	
Q	
栖 qī 两～	
戚 qī（统读）	
漆 qī（统读）	
期 qī（统读）	
蹊 qī ～跷	
蛴 qí（统读）	
畦 qí（统读）	
其 qí（统读）	
骑 qí（统读）	
企 qǐ（统读）	
绮 qǐ（统读）	
杞 qǐ（统读）	
憩 qì（统读）	
洽 qià（统读）	
签 qiān（统读）	
潜 qián（统读）	
荨 （一）qián（文）～麻 （二）xún（语）～麻疹	
嵌 qiàn（统读）	
欠 qian 打哈～	
戕 qiāng（统读）	
镪 qiāng ～水	
强 （一）qiáng ～渡 ～取豪夺 ～制 博闻～识 （二）qiǎng 勉～ 牵～ ～词夺理 ～迫 ～颜为笑 （三）jiàng 倔～	
襁 qiǎng（统读）	
跄 qiàng（统读）	
悄 （一）qiāo ～～儿的 （二）qiǎo ～默声儿的	
橇 qiāo（统读）	
翘 （一）qiào（语）～尾巴 （二）qiáo（文）～首 ～楚 连～	
怯 qiè（统读）	
挈 qiè（统读）	

续表

趄 qie 赳～	
侵 qīn（统读）	
衾 qīn（统读）	
嗪 qín（统读）	
倾 qīng（统读）	
亲 qìng ～家	
穹 qióng（统读）	
黢 qū（统读）	
曲（麯）qū 大～ 红～ 神～	
渠 qú（统读）	
瞿 qú（统读）	
蠼 qú（统读）	
苣 qǔ ～荬菜	
龋 qǔ（统读）	
趣 qù（统读）	
雀 què ～斑 ～盲症	
R	
髯 rán（统读）	
攘 rǎng（统读）	
桡 ráo（统读）	
绕 rào（统读）	
任 rén〔姓，地名〕	
妊 rèn（统读）	
扔 rēng（统读）	
容 róng（统读）	
糅 róu（统读）	
茹 rú（统读）	
孺 rú（统读）	
蠕 rú（统读）	
辱 rǔ（统读）	
挼 ruó（统读）	
S	
靸 sǎ（统读）	

179

续表

噻 sāi（统读）
散（一）sǎn 懒~ 零零~~ ~漫 （二）sàn 零~
丧 sāng 哭~着脸
扫（一）sǎo ~兴 （二）sào ~帚
埽 sào（统读）
色（一）sè（文） （二）shǎi（语）
塞（一）sè（文）~音 ~责 （二）sāi（语）名物义，活~ 瓶~；动作义，把洞~住
森 sēn（统读）
煞（一）shā ~尾 收~ （二）shà ~白
啥 shá（统读）
厦（一）shà（语） （二）xià（文）~门 噶~
杉（一）shān（文）紫~ 红~ 水~ （二）shā（语）~篙 ~木
衫 shān（统读）
姗 shān（统读）
苫（一）shàn 动作义，~布 （二）shān 名物义，草~子
墒 shāng（统读）
猞 shē（统读）
舍 shè 宿~
慑 shè（统读）
摄 shè（统读）
射 shè（统读）
谁 shéi，又音 shuí
娠 shēn（统读）
什（甚）shén ~么
蜃 shèn（统读）
葚（一）shèn（文）桑~ （二）rèn（语）桑~儿
胜 shèng（统读）
识 shí 常~ ~货 ~字
似 shì ~的
室 shì（统读）
螫（一）shì（文） （二）zhē（语）
匙 shi 钥~
殊 shū（统读）

续表

蔬 shū（统读）
疏 shū（统读）
叔 shū（统读）
淑 shū（统读）
菽 shū（统读）
熟（一）shú（文） （二）shóu（语）
署 shǔ（统读）
曙 shǔ（统读）
漱 shù（统读）
戍 shù（统读）
蟀 shuài（统读）
孀 shuāng（统读）
说 shuì 游~
数 shuò ~见不鲜
硕 shuò（统读）
蒴 shuò（统读）
艘 sōu（统读）
嗾 sǒu（统读）
速 sù（统读）
塑 sù（统读）
虽 suī（统读）
绥 suí（统读）
髓 suǐ（统读）
遂（一）suì 不~ 毛~自荐 （二）suí 半身不~
隧 suì（统读）
隼 sǔn（统读）
莎 suō ~草
缩（一）suō 收~ （二）sù ~砂密（一种植物）
嗍 suō（统读）
索 suǒ（统读）
T
趿 tā（统读）
鳎 tǎ（统读）

续表

獭 tǎ（统读）	
沓 （一）tà 重～ （二）ta 疲～ （三）dá 一～纸	
苔 （一）tái（文） （二）tāi（语）	
探 tàn（统读）	
涛 tāo（统读）	
悌 tì（统读）	
佻 tiāo（统读）	
调 tiáo ～皮	
帖 （一）tiē 妥～ 伏伏～～ 俯首～耳 （二）tiě 请～ 字～儿 （三）tiè 字～ 碑～	
听 tīng（统读）	
庭 tíng（统读）	
骰 tóu（统读）	
凸 tū（统读）	
突 tū（统读）	
颓 tuí（统读）	
蜕 tuì（统读）	
臀 tún（统读）	
唾 tuò（统读）	
W	
娲 wā（统读）	
挖 wā（统读）	
瓦 wà ～刀	
喎 wāi（统读）	
蜿 wān（统读）	
玩 wán（统读）	
惋 wǎn（统读）	
脘 wǎn（统读）	
往 wǎng（统读）	
忘 wàng（统读）	
微 wēi（统读）	
魏 wēi（统读）	
薇 wēi（统读）	
危 wēi（统读）	

续表

韦 wéi（统读）
违 wéi（统读）
唯 wéi（统读）
圩 （一）wéi ～子 （二）xū ～（墟）场
纬 wěi（统读）
委 wěi ～靡
伪 wěi（统读）
萎 wěi（统读）
尾 （一）wěi ～巴 （二）yǐ 马～儿
尉 wèi ～官
文 wén（统读）
闻 wén（统读）
紊 wěn（统读）
喔 wō（统读）
蜗 wō（统读）
硪 wò（统读）
诬 wū（统读）
梧 wú（统读）
牾 wǔ（统读）
乌 wù ～拉（也作"靰鞡"） ～拉草
杌 wù（统读）
骛 wù（统读）
X
夕 xī（统读）
汐 xī（统读）
晰 xī（统读）
析 xī（统读）
皙 xī（统读）
昔 xī（统读）
溪 xī（统读）
悉 xī（统读）
熄 xī（统读）
蜥 xī（统读）

续表

螅 xī（统读）
惜 xī（统读）
锡 xī（统读）
樨 xī（统读）
袭 xí（统读）
檄 xí（统读）
峡 xiá（统读）
暇 xiá（统读）
吓 xià 杀鸡～猴
鲜 xiān 屡见不～ 数见不～
锨 xiān（统读）
纤 xiān ～维
涎 xián（统读）
弦 xián（统读）
陷 xiàn（统读）
霰 xiàn（统读）
向 xiàng（统读）
相 xiàng ～机行事
淆 xiáo（统读）
哮 xiào（统读）
些 xiē（统读）
颉 xié ～颃
携 xié（统读）
偕 xié（统读）
挟 xié（统读）
械 xiè（统读）
馨 xīn（统读）
囟 xìn（统读）
行 xíng 操～ 德～ 发～ 品～
省 xǐng 内～ 反～ ～亲 不～人事
芎 xiōng（统读）
朽 xiǔ（统读）
宿 xiù 星～ 二十八～

184

续表

煦 xù（统读）
蓿 xu 苜～
癣 xuǎn（统读）
削 （一）xuē（文） 剥～ ～减 瘦～　（二）xiāo（语） 切～ ～铅笔 ～球
穴 xué（统读）
学 xué（统读）
雪 xuě（统读）
血 （一）xuè（文）用于复音词及成语，贫～　心～　呕心沥～　～泪史　狗～喷头　（二）xiě（语）口语多单用，流了点儿～　鸡～　～晕　～块子
谑 xuè（统读）
寻 xún（统读）
驯 xùn（统读）
逊 xùn（统读）
熏 xùn　煤气～着了
徇 xùn（统读）
殉 xùn（统读）
蕈 xùn（统读）
Y
押 yā（统读）
崖 yá（统读）
哑 yǎ　～然失笑
亚 yà（统读）
殷 yān　～红
芫 yán　～荽
筵 yán（统读）
沿 yán（统读）
焰 yàn（统读）
夭 yāo（统读）
肴 yáo（统读）
杳 yǎo（统读）
舀 yǎo（统读）
钥 （一）yào（语）～匙　（二）yuè（文） 锁～
曜 yào（统读）

185

续表

耀 yào（统读）	
椰 yē（统读）	
噎 yē（统读）	
叶 yè ～公好龙	
曳 yè 弃甲～兵 摇～ ～光弹	
屹 yì（统读）	
轶 yì（统读）	
谊 yì（统读）	
懿 yì（统读）	
诣 yì（统读）	
艾 yì 自怨自～	
荫 yìn（统读） 树～ 林～道（应作"树阴""林阴道"）	
应 （一）yīng ～届 ～名儿 ～许 提出的条件他都～了 是我～下来的任务 （二）yìng ～承 ～付 ～声 ～时 ～验 ～邀 ～用 ～运 ～征 里～外合	
萦 yíng（统读）	
映 yìng（统读）	
佣 yōng ～工	
庸 yōng（统读）	
臃 yōng（统读）	
壅 yōng（统读）	
拥 yōng（统读）	
踊 yǒng（统读）	
咏 yǒng（统读）	
泳 yǒng（统读）	
莠 yǒu（统读）	
愚 yú（统读）	
娱 yú（统读）	
愉 yú（统读）	
伛 yǔ（统读）	
屿 yǔ（统读）	
吁 yù 呼～	
跃 yuè（统读）	
晕 （一）yūn ～倒 头～ （二）yùn 月～ 血～ ～车	

续表

酝 yùn（统读）
Z
匝 zā（统读）
杂 zá（统读）
载（一）zǎi 登～ 记～ （二）zài 搭～ 怨声～道 重～ 装～ ～歌～舞
簪 zān（统读）
咱 zán（统读）
暂 zàn（统读）
凿 záo（统读）
择（一）zé 选～ （二）zhái ～不开 ～菜 ～席
贼 zéi（统读）
憎 zēng（统读）
甑 zèng（统读）
喳 zhā 唧唧～～
轧（除"～钢""～辊"读 zhá 外，其余都读 yà）
摘 zhāi（统读）
粘 zhān ～贴
涨 zhǎng ～落 高～
着（一）zháo ～慌 ～急 ～家 ～凉 ～忙 ～迷 ～水 ～雨 （二）zhuó ～落 ～手 ～眼 ～意 ～重 不～边际 （三）zhāo 失～
沼 zhǎo（统读）
召 zhào（统读）
遮 zhē（统读）
蛰 zhé（统读）
辙 zhé（统读）
贞 zhēn（统读）
侦 zhēn（统读）
帧 zhēn（统读）
胗 zhēn（统读）
枕 zhěn（统读）
诊 zhěn（统读）
振 zhèn（统读）
知 zhī（统读）

续表

织 zhī（统读）
脂 zhī（统读）
植 zhí（统读）
殖 （一）zhí 繁～ 生～ ～民 （二）shi 骨～
指 zhǐ（统读）
掷 zhì（统读）
质 zhì（统读）
蛭 zhì（统读）
秩 zhì（统读）
栉 zhì（统读）
炙 zhì（统读）
中 zhōng 人～（人口上唇当中处）
种 zhòng 点～（义同"点播"。动宾结构念 diǎnzhǒng，义为点播种子）
盩 zhōu（统读）
骤 zhòu（统读）
轴 zhòu 大～子戏 压～子
碡 zhou 碌～
烛 zhú（统读）
逐 zhú（统读）
属 zhǔ ～望
筑 zhù（统读）
著 zhù 土～
转 zhuǎn 运～
撞 zhuàng（统读）
幢 （一）zhuàng 一～楼房 （二）chuáng 经～（佛教所设刻有经咒的石柱）
拙 zhuō（统读）
茁 zhuó（统读）
灼 zhuó（统读）
卓 zhuó（统读）
综 zōng ～合
纵 zòng（统读）
粽 zòng（统读）
镞 zú（统读）

续表

组 zǔ（统读）
钻 （一）zuān ～探 ～孔 （二）zuàn ～床 ～杆 ～具
佐 zuǒ（统读）
唑 zuò（统读）
柞 （一）zuò ～蚕 ～绸 （二）zhà ～水（在陕西）
做 zuò（统读）
作（除"～坊"读 zuō 外，其余都读 zuò）

参 考 文 献

[1] 国家语言文字工作委员会普通话培训测试中心. 普通话水平测试实施纲要 [M]. 北京：商务印书馆，2004.

[2] 国家语委普通话与文字应用培训测试中心. 普通话水平测试实施纲要（2021年版）[M]. 北京：语文出版社，2022.

[3] 黄伯荣，廖序东. 现代汉语 [M]. 北京：高等教育出版社，2001.

[4] 张斌. 现代汉语 [M]. 北京：语文出版社，2000.

[5] 邢福义. 现代汉语 [M]. 北京：高等教育出版社，2011.

[6] 周芸，邓瑶，周春林. 现代汉语导论 [M]. 北京：北京大学出版社，2011.

[7] 詹伯慧. 汉语方言及方言调查 [M]. 武汉：湖北教育出版社，2001.

[8] 岑麒祥. 语音学概论 [M]. 北京：商务印书馆，2013.

[9] 林焘，王理嘉. 语音学教程 [M]. 北京：北京大学出版社，1992.

[10] 张颂. 朗读学 [M]. 北京：中国传媒大学出版社，2010.

[11] 宋欣桥. 普通话语音训练教程 [M]. 北京：商务印书馆，2004.

[12] 吴弘毅. 实用播音教程（第一册）[M]. 北京：中国传媒大学出版社，2002.

[13] 周殿福. 艺术语言发声基础 [M]. 北京：中国社会科学出版社，1980.

[14] 李莉，徐梅. 普通话口语训练教程 [M]. 北京：北京师范大学出版社，2016.

[15] 胡习之，高群. 普通话学习与水平测试教程 [M]. 北京：清华大学出版社，2019.

[16] 董中锋. 普通话培训测试技法 [M]. 武汉：华中师范大学出版社，2021.

[17] 姜岚. 普通话与教师口语艺术 [M]. 北京：商务印书馆，2018.